Jutta Belle
ICH BIN DER WEG

Jutta Belle

ICH BIN DER WEG

Juabell Verlag

Bibliografische Information Der Deutschen Bibliothek

Die Deutsche Bibliothek verzeichnet diese Publikation in der
Deutschen Nationalbibliografie; detaillierte bibliografische Daten
sind im Internet über http://dnb.ddb.de abrufbar

ISBN 978-3-942059-01-5
ISBN 978-3-934719-99-6

Druck und Bindung: Finidr s.r.o., Tschechische Republik
Copyright © 2009 Jutta Belle
Juabell Verlag, Jutta Hermann, Untere Schulstr. 6, 87452 Altusried

Inhalt

ICH BIN DER WEG

Vorwort

Ich habe mich lange Zeit gefragt, was es für mich bedeutet, den »geistigen Weg« zu gehen. Viele Jahre, bevor ich überhaupt daran dachte, jemals eine Wesenheit zu sein, die dem Göttlichen dienen würde, gab es so viele Gelegenheiten, bei denen ich der geistigen Komödie vieler Menschen, denen ich im Lebensalltag begegnete, zusehen konnte. Es war den vielen Kirchgängern oft eines gemein: Sie wollten in die Kirche gehen, wollten der Zeremonie folgen und gesehen werden, weil es sich ja so gehörte.

In den Gesichtern vieler konnte man aber erkennen, dass sie stumpf, traurig oder auch abwesend dreinblickten. Nur mit ganz geringer Ausnahme war in ein paar Gesichtern die Anteilnahme zu sehen. Die Freude, einem Gottesdienst beiwohnen zu können, sah ich nirgendwo. Wo bleibt da Gott?, fragte ich mich.

Ich bin katholisch erzogen worden, und für mich gab es nur eines: am Sonntag in die Kirche zu gehen, um dort einem festlichen Gefühl zu frönen und im Gebet und Gesang Gott nahe sein zu dürfen. Ja, Gott war bei mir schon in der Kindheit sehr groß angeschrieben.

Wir waren eine kleine Gemeinschaft von Katholiken, und so gab es nur am Sonntag einen Gottesdienst. Damals war es schon ein großes Problem für mich, denjenigen zuschauen zu müssen, die in ihrem Lebensalltag viele Dinge taten, die weder »göttlich« noch »christlich« waren und noch weniger zum Ausdruck brachten, was man Brüderlichkeit nennt: »Was du nicht willst, das man dir tu, das füge keinem anderen zu« – ein Satz, den damals schon viele nicht befolgten. Somit war es auch für mich einfach unverständlich, weshalb sie am Sonntag in der Kirche keine Reue oder Demut zeigten, wo sie doch in diesem Moment Gott spüren oder erleben konnten.

Das war jedoch nicht alles. Schon in früher Kindheit bot sich mir die Gelegenheit, erkennen zu dürfen, dass so viele »Diener Gottes« gar kein so göttliches Verhalten an den Tag legten. Ich musste schon in frühen Jahren erkennen, dass Kirche nicht gleich Gott ist und ihre Diener nur Menschen waren, die keinen göttlichen Dienst taten, sondern nur einen Beruf ausübten, der wie jeder andere war.

So wurde mir schon ganz früh der Unterschied zwischen Kirche und Gott bewusst. Nichts jedoch konnte meinen Glauben an IHN erschüttern. Ich liebte IHN sehr, vertraute mich IHM an und war ganz sicher in meinem Bewusstsein, dass Gott überall ist und nicht nur gebunden an einen Glauben oder die Kirche. Diese frühkindlichen Erfahrungen haben mein Leben geprägt, und heute bin ich dafür dankbar, dass ich diese Erfahrungen schon so jung machen durfte.

Auf meinem Weg ins Erwachsenenalter gab es viele, viele schwierige Phasen, die ich habe durchleben müssen. Keine aber war so schwierig, dass ich sie nicht überwinden konnte. ER gab mir sehr viel Kraft! In den Momenten, in denen tiefe Traurigkeit mich übermannte, stellte ich mir vor, in Gottes Hand zu sitzen, die mich tröstete und streichelte. Hier fühlte ich mich zu Hause, hier war mein Reich und meine Heimat, wo ich herkam – so dachte ich. Mein Vertrauen wuchs besonders dadurch, dass Gott sich meiner annahm, indem Seine Göttlichen Helfer an meiner Seite waren und mir im alltäglichen Leben halfen, mein Leben zu leben. Das gab mir Kraft!

In den damaligen Jahren sprach ich kaum mit jemandem darüber – den Spottenden wollte ich meine intime Beziehung zu Gott nicht preisgeben. Schon damals erkannte ich ganz klar, dass ich mein ganzes Sein Gott widmen wollte. Ich wollte erkennen, mich transformieren, mein Vertrauen mehr und mehr festigen, um dann das Wort Gottes denen nahe zu bringen, die für ihren Weg die Reinheit des Wortes benötigen.

Es gab für mich nur eines: ein Werkzeug Gottes zu sein, das die Reinheit des Geistes vollkommen zum Ausdruck bringt. Meine Seminare sollen ganz dem Geiste Gottes gewidmet sein, damit die Geistige Welt die Möglichkeit hat, in ihrer Vollkommenheit agieren zu können. Den Menschen wollte ich Heilung bringen, die Körper und Geist einschließt.

Von meiner persönlichen Meinung möchte ich nichts und niemanden abhängig machen. Ausnahmslos soll die Reinheit des Geistes, GOTT-VATER-MUTTER genannt, zum Ausdruck gebracht werden. Und nur das! Ich möchte das Göttliche in jedem anfachen. Jedem den Weg in seiner Reinheit vorlegen und ihn gehen lassen, damit er selbst ein freudiges und friedvolles Leben lebt oder damit er den Weg in Freuden gehen kann. Dieses war und ist mein Wunsch, und er hat mich vorangetrieben, hat all das in Bewegung gesetzt, was ich bis heute getan habe. In der Absicht liegt viel Kraft und ich weiß, dass jetzt, nachdem ich einige Jahre heile und Seminare gebe, die Wende gekommen ist, um nun auch das Wort denen zu bringen, die dem Rufe folgen möchten.

Der Aufruf beginnt mit dem Wort:

»**Ich Bin** die Kraft des Geistes,
die im Hier und Jetzt tätig ist und die will,
dass sich der Geist des All-Einen über Allem ergießt,
damit sich die Welt in dieser Zeit
ganz in dem Licht des All-Einen Gottes heilt.
Somit ist das Wort Gottes ins Herz eingegangen,
um sich in seiner Vollkommenheit
und Herrlichkeit zu manifestieren.«

Ich vertraue darauf, dass diese Zeilen nun tief in dein Tagesbewusstsein eindringen, damit du in deinem Leben Gott an erste Stelle nicht nur stellen kannst, sondern Ihn auch tief in deinem Herzen spürst, wie ER sich deiner annimmt, dich lenkt und leitet, damit du ein Leben in Liebe, Frieden, Freude und Harmonie leben kannst, welches natürlich die Gesundheit miteinschließt.

Achte darauf, wie tief in deinem Inneren die Wahrheit verankert ist. Du spürst die Wahrheit bei jedem Wort tief in deinem Herzen!

Beim Lesen viel Spaß!

Einleitung

Diese Zeilen sind für die Wesenheit geschrieben worden, die sich verändern möchte und die einen Ratgeber benötigt, der auch anwendbar ist und sich mit der Transformation des persönlichen Seins befasst.

Alle Hinweise, die hier in dieser Zeit beim Aufstiegsprozess der Erde und ihrer Bewohner von Nutzen sind, wurden aufgezeichnet. Zu jedem Thema gibt es Affirmationen, die dem Prozess des Einzelnen angepasst sind. Sie helfen ihm, sich selbst zu stärken und bewusst die eigene Veränderung herbeizuführen, mit dem Ziel, dass sich Gott selbst in seinem Lebensalltag ausdrücken kann.

Der Prozess unterstreicht, dass intensiv an dem Herzensaspekt gearbeitet werden muss, damit sich die All-Liebe für Alles Sein entwickeln kann. Ganz besonders muss darauf geachtet werden, dass sich der Körper ebenfalls verändert, wenn gezielt an der energetischen Veränderung gearbeitet wird. Alles ist mit einbegriffen und voneinander abhängig, denn Körper, Seele und Geist sind ein Ganzes. Das Ziel der Transformation ist nur erreichbar, wenn sich diese drei Aspekte im Einklang befinden, das heißt, wenn ihre Schwingungen harmonisch sind. Das bedeutet, dass mit der Veränderung der Eigenschaften automatisch der Körper auch gesunden muss. Eine gute Zusammenarbeit mit der Geistigen Welt gehört ebenso zu diesem Weg. Ganz bewusst soll sie integriert werden. Ohne die Geistige Welt kann sich nichts und niemand verändern, denn sie wird benötigt, um all das bewerkstelligen zu können, was für die Transformation und den Aufstiegsprozess vonnöten ist.

Die Affirmationen schließen die Geistige Welt mit ein, und durch die Benutzung des Wortes »ICH BIN« ist die Schöpferkraft von »Allem Das Was Ist« aktiviert worden und manifestiert das, was man sich wünscht. Die Aussagekraft wird noch mit dem dreimaligen Bestätigen des "ICH BIN" verstärkt. Jede Affirmation soll dreimal hintereinander gesprochen werden. Dies ist der richtige Rhythmus um das, was man sich wünscht, in seinem Leben integrieren zu können. Die Wortwahl fügt sich aus dem Thema und dem Wunsche, die Veränderung herbeiführen zu wollen, zusammen. Die Affirmation hilft, alle wesentlichen Merkmale, die den Prozess fördern, auszudrücken und unterstützt die Wesenheit, sich spirituell zu entfalten. Das Augenmerk sollte auf der vollkommenen Entfaltung der eigenen Göttlichkeit und der Ausbildung der Herzenskraft ruhen.

Das sind die wichtigsten Voraussetzungen, um eine gute, harmonische Zusammenarbeit zwischen der Hohen Geistigen Welt und dieser Welt zu ermöglichen. Diese Informationen helfen dir, dich zu transformieren, und sie unterstützen auch die Erde. Sie kommen zu dir, weil du in deinem Unterbewusstsein darum gebeten hast. Sie helfen dir, indem sie dir Klarheit bringen über all das, was im Moment für einen Aufstiegsprozess vonnöten ist. Du entzündest in dir das Licht des All-Einen, damit alle, die es wahrnehmen können, dich als Lichtträger, als ein Werkzeug Gottes, erkennen können. Dazu dient dir diese Information. Wenn du alles so nutzt, wie du es für dich und deinen Weg benötigst, stärkt sich in dir die Gewissheit, dass Gott es ist, der dich schützt und leitet und Seine Liebe über dich ausgießt.

Die Göttlichen Helfer an deiner Seite wissen es genau. Sie lieben dich und sind Tag für Tag an deiner Seite, vereint mit dir, tätig. Sie wünschen sich, dass das gemeinsame Ziel erreicht wird, nämlich die All-Liebe in Allem Sein auszudrücken, damit sich die Transformation der Erde und seiner Wesenheiten erfüllen kann.

1. KAPITEL

Wir hören euch zu. Wenn der Wunsch aus reinem Herzen kommt, realisieren wir ihn!

Du bist eines Tages wach geworden. Hast gemerkt, dass die Tage so an dir vorbeigeglitten sind, ohne dass du feststellen konntest, dass sich irgendetwas in deinem Lebensraum markant hervorhebt. Du hast darüber nachgedacht, wie es sein konnte, ein Leben lang gefangen im Materiellen leben zu können, ohne etwas zu schaffen, was dich wirklich befriedigt hätte, worauf du stolz schauen konntest, weil es mit deiner Hände Arbeit geschaffen wurde.

Der eine hat mehr und der andere weniger materielle Dinge angeschafft, wie z. B. Häuser, und all das, was zum Wohlstand gehört. Aber dich hat es nicht ausgefüllt. Eine Leere hat sich mehr und mehr in dir ausgebreitet, die dich oft in Ängste oder auch in tiefe Traurigkeit stürzte. Hier war also auf einmal dein Lebenstraum gar nicht mehr so schön und wonnig anzuschauen, sondern es gab nur Leere um dich herum. Du fragtest dich: »Wieso bin ich hier auf der Erde? Was soll ich hier eigentlich tun, damit ich auf einen schönen ausgefüllten Lebensabend hoffen kann? Die Jugend ist ja so an mir vorbeigerauscht und hat wenig Freude in meinem Herzen hinterlassen!«

Oft sogar ist alles nur an Entschuldigungen geknüpft, die man sich pausenlos vorerzählt, weil man vieles hätte anders machen können – hätte der eine oder andere einen nur besser beraten oder weniger geneppt und so fort. Alles wird im Außen gesucht und wenig bei sich selbst im Inneren nachgeschaut. Für viele ein tiefer Kummer, der sich mehr und mehr ausweitet, weil sie ja doch alles besonders gut machen wollten, oft sogar besser als die anderen.

Dies ist die Erfolgssucht, die jeder in sich zu nähren versucht. Aber wie kommt es, dass man, obwohl man ein so erfolgreiches materielles Leben gelebt hat, doch nicht glücklich und zufrieden darauf schauen kann?

Es gibt nur zwei Gründe: Der eine ist, dass man Gott auf seinem Wege vergessen hat. Der andere ist, dass man sich selbst, und damit auch den Nächsten, nicht liebt. Einfacher ausgedrückt: Man hat keine Liebe zu sich selbst entwickelt.

Dieses Problem kann jedoch ganz einfach gelöst werden. Der Mensch, der sich bisher in seinem Lebensalltag nur auf das materielle Leben konzentriert hat, braucht jetzt nur die Tür im Herzen für Gott zu öffnen, damit sich die wirklichen Kräfte auch entfalten und sich ausdehnen können, um nun ein ganz von Freude erfülltes Sein zu schaffen.

Die Herzensfreude ist die reinste Freude und nichts gleicht ihr. Reine Herzensfreude zu fühlen macht uns gesund und stärkt unseren Glauben an unsere eigenen Kräfte und auch an diejenigen, die mit dem Himmlischen Reich gekoppelt sind. Gott selbst ist in fast aller Leben zur Nebensache geworden. Aber es ist die Reine Gotteskraft, die in uns wirkt und, was natürlich und ganz normal ist, hier all das kreiert, was der Mensch in seinem Gedankengut angesammelt hat. Alle Gedanken zählen. Die Reinheit des Gedankens bestimmt, ob du in deinem Herzen Gotteslicht erstrahlen lässt oder ob sich Dunkles und Trübes in ihm ausbreitet.

Je geringer der Reinheitsgrad ausfällt, umso mehr hat der Mensch Schwierigkeiten, sich korrekt durch das Leben zu bewegen. Sollte es auch angefüllt sein mit vielen äußeren Reichtümern, so bleiben trotz allem in seinem Inneren nur Leere und Traurigkeit zurück, denn was ihn nur wirklich ausfüllt, ist die Liebe, die reine Herzensliebe, die von Gott kommt.

Hier sind nun folgende Ströme zu beobachten: Der eine besinnt sich und beginnt, sich mit dem Göttlichen zu verbinden, der andere dümpelt weiter vor sich hin, wird krank, ist unausstehlich und kehrt mehr und mehr seine Antipathie für den Nächsten heraus, was, so glaubt er, ihm Ansehen und Macht beschert.

Dem ist jedoch nicht so. Jeder Mensch, der hier auf Erden wandelt, trägt tief in sich die Wahrheit. Auch wenn er wenig gebildet ist, weiß er trotzdem im tiefsten Innern, dass er hier, in diesem Dasein, die Gotteskraft in sich selbst entfalten und der Liebe im eigenen Sinn Ausdruck verleihen muss, um ein schönes harmonisches Leben leben zu können.

Nur wer gegen den Strom schwimmt, fühlt sich ungerecht behandelt und benötigt immer Anerkennung, die er sich auf viele verschiedene Arten zukommen lässt. Er sucht im Außen immer einen Büßer fürs Nicht-Gelingen zu finden und beschuldigt andere, ihm zu wenige Möglichkeiten zu geben, um noch mehr Reichtum ansammeln zu können. Ja, so ist es!

Die Leere, die man im Herzen spürt, muss halt angefüllt werden, und dazu nimmt man, was man bekommen kann. Ganz egal, ob gut oder schlecht, nichts kann denjenigen stören, der dabei ist, sein Leben nur mit Scheingütern zu füllen, die ihn einen Moment befriedigen oder die Lust auf Neues stillen. Die Momente werden kürzer, weil der Effekt nachlässt, und somit muss immer schneller und immer mehr hergeschafft werden, was die Leere füllen soll. Ein ewiger Kreislauf, der nur unterbrochen werden kann, wenn sich der Mensch dem Göttlichen zuwendet und beginnt, nach seinem wahren Lebenssinn zu suchen, der ihm erlaubt, ein ausgefülltes Leben zu leben.

Hier beginnt sich nun die Geistige Welt einzuschalten, denn jedem, der sein Leben versucht, in Einklang mit dem Göttlichen zu bringen, wird von den Helfern der Geistigen Welt der Weg geebnet. Sie, die Engelwelt, hilft allen auf ihrem Lebenspfad.

Aber es gibt noch einige Helfer mehr, die sich darauf spezialisiert haben, ganz persönliche Wünsche zu erfüllen. Speziell dann, wenn ein Mensch versucht, sich ganz seinem Lebenspfad zu widmen, der im Göttlichen Plan vollkommen eingebettet liegt, stellen sich viele Geistige Helfer ein, welche sich ganz intensiv um diese Wesenheit kümmern, damit diese auch ihr Lebensziel erreichen kann.

Alles, was der Mensch hier in diesem Dasein benötigt, wird ihm gegeben werden, und alles, was störend und behindernd ist und ihn auf seiner Lebensreise vom Ziel fernhalten würde, hält man von ihm fern oder blockiert es, um so den Erfolg zu garantieren.

Die Geistigen Helfer kennen uns gut, und sie erleichtern uns unseren Lebensalltag. Sie sind es, die man uns als Beschützer an die Seite stellt, denn um das Leben mit Freude und Frieden im Herzen leben zu können, brauchen wir sie.

Ohne ihr Zutun, nur mit den eigenen Kräften versehen, kann der Mensch nicht die Liebe zu sich selbst entwickeln. Sie sind es, die die Gelegenheiten schaffen, damit man die Liebeskräfte in sich zur Entfaltung bringt.

Eine Wesenheit, die hier auf Erden wandelt, fühlt sich einsam im Innersten und nur dann, wenn sie sich für diese Himmlischen Kräfte öffnet, kann sie sich ausgefüllt fühlen. Sich einsam zu fühlen bedeutet, Gott fern zu sein. Sich vollkommen eingebettet zu fühlen bedeutet EINS mit dem gesamten Göttlichen zu sein. Das ist der Weg, wie aus dem materiell angehauchten Lebensalltag, mehr und mehr, ein von starker Schöpferkraft durchdrungener Lebensweg erschaffen werden kann.

Hier gehört nun auch das tägliche Bedürfnis dazu, denen, die an deiner Seite wandeln, Aufmerksamkeit zu schenken. Man spricht zu dir durch äußere Zeichen, die du aufmerksam beobachten solltest. Man führt dich besser, wenn du intuitiv handelst. Dadurch kann sich eine Person besonders hervorheben, die nicht nur auf ihren Verstand hört, sondern sich auf die feine Geistige Stimme konzentriert, die aus ihrem Herzen kommt, welche sie immer dann hören kann, wenn sie hingebungsvoll lauscht.

Diese Stimme, wenn du sie einmal erfasst hast, führt dich immer den richtigen Weg und lässt dich in allen entscheidenden Situationen die für dich richtige Entscheidung fällen. Es gibt nur noch den Wunsch in dir, das gute Gefühl, welches dich ausfüllt, zu leben und Vollkommenheit in seiner schönsten Form ausdrücken zu wollen.

Der Aspekt der All-Liebe breitet sich dadurch mehr und mehr in deinem Lebensalltag aus. Du kannst das Glück in jeder Zelle spüren. Was dich trägt, ist das Göttliche. Was jetzt in dir erwacht ist, ist der Seinsaspekt, den wir Gott nennen wollen und den du bewusst akzeptieren musst, damit du dich nun daran gewöhnen kannst – du Selbst zu Sein – der hier im Kleinen in seiner Welt wirkt und der selbst dafür verantwortlich ist, was er in seinem eigenen Leben erreicht und erschafft.

Natürlich gehört Vertrauen dazu, die eigene Gotteskraft in sich zur Entfaltung zu bringen. Du bist auf dem Weg deiner Erdenreise die Person, die darüber bestimmt, welche Kräfte sie nutzt und zum Ausdruck bringt.

Ich Bin die Gotteskraft,
die sich in meinem Sein ausdrückt
und die will,
dass sich der Reine Geist Gottes
in all meinem Denken und Tun manifestiert.
Ich Bin! Ich Bin! Ich Bin!

Ich Bin die Liebe,
die sich in meinem Herzen manifestiert.
Ich Bin es, die / der sich wünscht,
dass sich die Reine Gotteskraft
in allem, was ich denke, ausdrückt
und die Voraussetzung für ein Leben in Frieden,
Freude und Harmonie schafft.
Ich Bin! Ich Bin! Ich Bin!

2. KAPITEL

Die Umkehr in einen heiligen Zustand – ausgelöst durch die Herausforderung der Herzenskraft

Ihr müsst, das wissen alle, das loslassen können, was euch in eurem Leben nur zum Ballast wird. Hier haben wir eine Aussage, die vermehrt getan wird, aber oft sehr schwer nachvollzogen werden kann.

»Loslassen, was bedeutet dies für mich?«, wirst du dich fragen. Wenn man es von dir verlangte, wie kann man es ausführen? Oft sind es ja nicht nur materielle Dinge, sondern es kann damit auch eine Eigenschaft oder mehrere gemeint sein. Es könnte sogar ein Lebenspartner damit gemeint sein.

Hierhin gehört nun als Erstes die Klärung der Begriffe. Was ist eigentlich mein Besitztum? Was gehört mir wirklich? Wie bin ich veranlagt? Gehören meine Lebensbegleiter wirklich mir? Es gibt nur freiwilliges Miteinanderwirken. Alles andere ist Zwang!

Sind Bezugspersonen gezwungen, miteinander Lebensaufgaben zu bestreiten, fühlt sich alles ein wenig nach Knecht- oder Dienerschaft an. Zu den aufgeworfenen Fragen kann hier ergänzend gesagt werden, dass sich auch die angenommenen Gewohnheitsmuster dazugesellen.

Noch intensiver ist die Gedankenkraft, die sich auf die gedanklich zusammenhängenden Muster bezieht, welche sehr oft von Generationen geprägt wurden. Hier benötigt es Fingerspitzengefühl, um ganz zart nach dem wahren Ursprung der Anlagen zu schauen, denn das, was nicht zu einem selbst gehört, muss man verabschieden. Das bedeutet, es muss losgelassen werden!

Oft sind es Dinge, die keine genaue oder klare Auskunft über uns geben können. Ist es doch eine Charakteristik von jedem Einzelnen, wie er sich gibt und sich in seinem Lebensalltag bewährt. Alle Tendenzen, die dazu neigen, aus dem Rahmen zu fallen, die nicht zum Allgemeinbild der Vollkommenheit und Harmonie gehören, müssen transformiert werden.

Hier gibt es sehr viele verschiedene Fassetten. Die eine Möglichkeit ist, die Gewohnheitsmuster näher anzuschauen und all das, was dem Idealbild abträglich ist, auf die Veränderungsliste zu setzen.

Die andere Möglichkeit beinhaltet das, was im materiellen Leben so sehr wichtig für viele Menschen und Grundvoraussetzung eines guten standardgemäßen Lebens ist, aber vielleicht doch nicht zu der eigenen inneren Einstellung gehört. Auch hier muss genauestens hingeschaut werden, um es zu examinieren.

Die nächste Möglichkeit ist noch drastischer. Hier wird gesagt:

»**Ich Bin** ein Kind des Geistes und verlange,
dass sämtliche Eigenschaften, Besitztümer und Lebenspartner,
die nicht zu einem harmonischen Leben beitragen,
von mir entfernt werden.
Ich möchte mein Selbstausdruck sein,
der hier in dieser Zeit
die vollkommene Herrlichkeit des All-Einen präsentiert
und sich in allem, was ich denke und tue, ausdrückt.
Ich Bin es, der befiehlt, dass all das, was dem nicht gleicht,

der Reinigung der violetten Flamme anheimfällt
und sich transformiert,
damit sich mein Leben
in vollkommenen harmonischen Bahnen bewegt.«

Von den drei Möglichkeiten, die aufgezeigt wurden, ist nur eine die korrekte Form. Man soll seine wahre Essenz mit den für sich bestimmten Lebensbegleitern ans Tageslicht bringen, um sich selbst ausdrücken zu können. So kann man die für sich bestimmten materiellen Dinge erschaffen, die dabei helfen, sein Leben zu leben und zu gestalten, und zwar in der schönsten Form, der Vollkommenheit.

Konzentriert man sich ganz auf diesen affirmativen Satz und visualisiert ein harmonisches Leben, fällt automatisch all das weg, was dem nicht gleicht. Nur das, was für den Lebensausdruck wichtig ist, wird sich manifestieren können. Die heilenden Kräfte werden aktiviert und zusätzlich erhält auch die Physis die Möglichkeit zu gesunden.

Es ist nicht damit getan, sich in verstärkter Form um das Loslassen zu kümmern und eventuell noch zusätzlich dieses mit dem Satz zu unterstreichen: »Ich lasse los«. Nein, im Gegenteil! Je mehr ich versuche, mich ums Detail zu kümmern, umso schwieriger wird der Prozess.

Dasselbe gilt auch für die Veränderung der Eigenschaften und Lebensbegleiter. Wie kann ich es aus meiner emotionsbeladenen Perspektive sehen, was ich tatsächlich verändern muss und wer wirklich der ideale Partner und Begleiter ist? Es kann alles nur von einem niederen Standpunkt aus beobachtet werden.

Nur deinen Himmlischen Begleitern ist es möglich, den Überblick zu wahren. Sie wissen ganz genau, was zu dir gehört und was du zu deinem Leben benötigst. Dazu gehören die Umstände, die sie erschaffen, damit du dich richtig entfalten kannst. Das ist der richtige Weg!

Um die Veränderung herbeizuführen, die wir hier angesprochen haben, benötigt es die Mitarbeit der Geistigen Welt. Die Himmlischen Begleiter sind es, die mit dir gehen und die dich liebevoll stützen und bei deinem Werk dir Kräfte zufließen lassen, um all das zu manifestieren, was zu deinem Lebensausdruck gehört.

Du bist beschützt und lernst die Liebe, indem du dich ihr hingibst. In deinem Herzen fühlst du die Hingabe und Liebe deiner Himmlischen Begleiter. Automatisch gibst du dieses Gefühl an dein Umfeld weiter. Du lebst ein Leben in Vollkommenheit und Harmonie. Deine Welt ist erfüllt und ausgefüllt durch das Göttliche Prinzip, das dich lenkt und leitet.

Nur so ist es zu verstehen, dass sich ein Großteil deines Seins automatisch verändern wird, indem du das Prinzip in dir anerkennst, das ebenfalls angefüllt ist mit Vertrauen in Gott. Du bist die Wesenheit, die nicht zufrieden mit ihrem Leben war, und nur du kannst dein Leben in ein reiches, angefülltes, harmonisches Sein verwandeln. Niemand anders kann es für dich tun.

Du bist es, der hier Ordnung schaffen muss, und nur dann, wenn Platz oder Raum geschaffen wurde, nur dann erst ist es möglich, Neues in sich aufzunehmen. Hier muss noch dazu gesagt werden, dass jede Wesenheit, die eine ganz neue Ausrichtung an sich vornehmen möchte, von der Engelwelt dabei besonders unterstützt wird. Jeder Mensch, der von ganzem Herzen den Wunsch in sich verspürt, sich verändern zu wollen, wird von Himmlischer Seite aus gelenkt und geleitet.

Dabei macht es gar nichts, wenn man stolpert, am Anfang große Schwierigkeiten hat oder den eigenen Widerstand überwinden muss. Alles wird sich genauso auflösen können, wie es in dem Moment benötigt wird.

Du wirst sehen, wenn du selbst es bist, der hier aufgerufen wurde und sich verändern will, dass du in dem Augenblick, in dem du deinen Wunsch formulierst, bereits von den höheren Wesen der

Engelwelt Unterstützung erhältst, um den Weg, deinen Weg, gehen zu können.

Die Liebe des Geistes ist immer mit dir. In deinen Lebensalltag kehrt die Freude ein, du wirst vom Herzen aus mehr und mehr Verständnis für dich, deinen Körper und auch für den Nächsten entwickeln können. Alles in dir ist auf den Wunsch ausgerichtet worden, den du formuliert hast.

Damit du siehst, dass es für dich der richtige Wunsch war, den du geäußert hast, kommt für dich aus deinem Umfeld die Bestätigung dafür. Jemand aus deinem Umfeld wird dir ein Kompliment machen, weil er sieht, dass du dich verändert hast.

Die Göttlichkeit erwacht nach und nach mehr in dir, und damit ist die nächste Tür aufgestoßen worden zu den Bereichen, die dir die Erlaubnis geben, ganz gezielt dein neues Sein zu vervollkommnen.

Hiermit ist die nächste Stufe erreicht, und du beginnst dich mit der Liebe des Ewigen Seins zu verbinden, die All-Liebe genannt wird. Alles Sein ist aus ihr hervorgegangen. Diese Liebe erfüllt dich nicht nur eines Tages voll und ganz, sondern du wirst als Mitschöpfer tätig werden. Du wirst Seite an Seite mit der Himmlischen Welt deinen Dienst erfüllen, der dir erlaubt, dich selbst energetisch zu erhöhen; das bedeutet, du transformierst dich immer mehr, wirst gelassen und heiter.

Deine Arbeit ist keine Last mehr, die dich drückt, sondern heiter und freudig wirst du deine Aufgabe erfüllen können. Hier kommt auch der Einsatz der Geistigen Helfer wieder zum Tragen. Sie verwöhnen dich und helfen dir bei allen Schwierigkeiten dadurch, dass sie konstant mit dir kommunizieren.

Du beginnst, dieser feinen Stimme zu folgen, und nichts kann dich mehr fehlleiten. Sie sind es, die die Hand über dich halten, beschützend und liebevoll leitend. Du wirst sehend und kannst mit dieser neuen Gabe vielen Menschen Heilung bringen.

Diese Gabe ist das Gottesgeschenk an dich – du, der sich bereit erklärt hat, den Weg im tiefsten Vertrauen zu gehen. Alles um dich herum beginnt sich nun mit zu verändern. Du brauchst wenig dafür zu tun, denn die Menschen in deinem Umfeld sehen, dass du dich bereits verändert hast. Sie benötigen für sich jetzt neue Muster. Die alten Muster haben sich auch in der Zeit, in der du dich konstant verändert hast, geändert. Sie sind frei!

Du hast ihnen nichts aufgezwungen, nur an dir selbst gearbeitet, und siehe, dies hat auch ihnen geholfen. Sie können jetzt, wenn sie wollen, ganz frei wählen, ob auch sie den Weg, den du gegangen bist, gehen wollen.

Damit beginnt sich der Kreis zu schließen. Hier erhältst du deinen Lohn für all das Tun deinerseits. Die Engelwelt ist an deiner Seite vollkommen in ihrer Arbeit aufgegangen und hat mit dir zusammen den Göttlichen Plan erfüllt. Die Einheit ist zwischen euch geboren worden, und du bist ein Teil davon.

Ich Bin die Wesenheit hier in diesem Sein,
die sichtbar Gottes All-Liebe zum Ausdruck bringt,
so dass sich der Reine Schöpfergeist durch mich ausdrückt
und sich Gottes Liebe in meinem Herzen manifestiert,
damit ich sie in meinem Umfeld zum Ausdruck bringe.
Es ist der Reine Schöpfergeist,
die Liebeskraft, die sich manifestiert
und die mir hilft, meine Aufgabe zu erfüllen.
Ich Bin! Ich Bin! Ich Bin!

Ich Bin Gottes Liebe,
die sich in Allem ausdrückt,
die die Seinskraft in Allen stärkt und die will,
dass sich der Reine Schöpfergeist
in meinem täglichen Leben
in all seiner Vollkommenheit und Herrlichkeit manifestiert.
Ich Bin! Ich Bin! Ich Bin!

3. KAPITEL

Wie kann eine Wesenheit geheilt sein, ohne das Wichtigste, das Herz, zu berücksichtigen?

Die Herzenskraft ist die stärkste Kraft des Körpers. Das Herz pumpt kraftvoll jeden Tag viele Liter Blut in eure Gefäße, um die Zellen zu nähren, aber auch um sie zu säubern. Vom Anbeginn des Lebens und bis zum letzten Atemzug!

Das Gefäß, das Körper genannt wird, besitzt im Herzen den Mechanismus, der Motor des Lebens genannt werden kann. Ohne das Herz kann man nicht leben, ohne seine Mitarbeit wäre es nicht möglich, alle Schadstoffe, die sich im menschlichen Körper befinden, abzutransportieren. Wie kraftvoll dieses Organ ist, kann man daran ermessen, dass es auch noch unter den schwierigsten Bedingungen, denen der Mensch sich aussetzt, seine Arbeit tut. Es ist dafür verantwortlich, dass jedes andere Organ funktionstüchtig ist und bleibt, solange der Mensch lebt.

Jetzt beginnt sich aber etwas ganz Neues unter der Menschheit auszubreiten. Das sind die vielen kranken Herzen. Herzleiden aller Art sind an der Tagesordnung. Es stellt sich ganz automatisch nun die Frage: Warum ist so ein starkes Organ überhaupt erkrankt? Wie ist es möglich, dass in diesen vielen Jahren noch nicht die wahre Herzensmedizin erfunden wurde? Ganz einfach: Man hat den Sinn des Herzens vergessen, nämlich seine Herzensenergie, die Liebeskraft genannt wird.

Hier ist nun eine kleine Denkpause einzulegen!

Herzenskraft funktioniert durch Liebeskraft!

Wie ist das möglich? Der Motor, der den Körper am Leben erhält, kann nur dann hundertprozentig funktionieren, wenn auch die Liebesenergien fließen können. Das Problem daran ist, dass kaum noch jemand weiß, was lieben wirklich bedeutet. Wir leben in einer Zeit, in der mit dem Begriff »Liebe« derartig herumgespielt wird, dass man kaum noch weiß, was tatsächlich mit dem Benutzen des Wortes »lieben« gemeint ist.

Das Original ist die All-Liebe, die »Alles Umfassende Liebe«! Jetzt müssen wir die Verbindung zu dem Wort »christlich« schaffen. Das Wort »christlich« wird vom Wort »Christus« abgeleitet. Dieses ist die stärkste Form der Liebesenergie überhaupt, denn sie ist die Schöpferkraft, mit der Alles Das Was Ist geschaffen wurde. Die Liebesenergie des Ursprungs erlaubt uns die Welt zu erfahren. Wenn man aufmerksam im täglichen Leben ist, kann man die Interaktionen der Lebewesen, vom kleinsten bis hin zum größten, dem Menschen, in seinem Umfeld beobachten.

Alles, was geschaffen worden ist, dient dem Menschen, um hier in seinem Erdendasein sein Leben zu gestalten. Alles Das Was Ist hier auf Erden gehört dazu. Es sollte eigentlich dem Bürger dieser Erde sein Leben erleichtern und verschönern. Aber wie man ja nun sehen kann, ist es diesen Meistern nicht gelungen, ein erfülltes Leben zu führen.

Das liegt wiederum an der Liebesenergie, die in den meisten Erdenbürgern nicht fließt. Warum muss sie überhaupt zum Fließen gebracht werden? Jede Wesenheit, die hier auf Erden ist, benötigt Liebesenergie, um hier ihre Aufgabe erfüllen zu können. Diese Liebesenergie, gleich Christusenergie, ist die Schöpferkraft. Aus dieser Energie wird die Kraft des Heilens geschaffen. Diese Energie ist es, die neues Leben schafft, und das in den vielfältigsten Formen. Hierzu gehört jedes Lebewesen, das je existiert hat, ebenso auch Pflanzen und Mineralien.

Aus diesem Stoff ist Alles Das Was Ist erschaffen worden, das heißt, das gesamte Universum, bis hin zum geringsten Gegenstand, der existiert. Mit dieser Kraft wird fortwährend neues Leben erschaffen. Die Herzensenergie ist die Liebesenergie, gleichbedeutend Christusenergie, die auch All-Liebe genannt wird. An dieser Stelle muss noch hinzugefügt werden, dass es dieselbe Energie ist, die auch in jedem kleinen Atom mitschwingt, bis hinunter zur kleinsten aller Formen.

Diese Liebesenergien werden gebraucht, um glücklich sein zu können. Vor allem aber, um erst einmal einen funktionstüchtigen Organismus am Leben zu erhalten. Die Liebeskraft ist die Herzenskraft, die der Motor des Herzens ist. Da es in dieser Zeit nur wenigen Menschen vergönnt ist zu erfahren, was mit »lieben« gemeint ist, sind so viele Menschen genau an dem Organ erkrankt, das die Physis am Leben erhalten soll.

Wie kann man sich diese Liebesenergie wieder zu Eigen machen?

Das kann geschehen, indem nun jeder für sich einmal überprüft, wie sein Leben gelaufen ist. War es ruhig, ausgeglichen oder ging es turbulent und stressig zu? Gab es ständig Anlass zum Zanken und sich Aufreiben, oder war es ausgefüllt mit Verständnis und Mitgefühl? Besonders diese Eigenschaften gibt es zur Zeit kaum noch. Sie müssen aber unbedingt wieder in unser Leben zurück geführt werden. Wenn die Menschheit erwachen will, benötigt sie diese zwei Worte: Verständnis und Mitgefühl. Sie zeugen von der Lebensenergie, die in ihnen schwingt. Nur wer diese Eigenschaften besitzt, kann den Weg des Lebens in Vollkommenheit gehen. Nur wer in der Liebe schwingt, ist glücklich und bereit, dem Nächsten auch zu verzeihen.

Die Liebeskraft ist die Ursprungskraft, die sich in Allem Das Was Ist ausdrückt. Diese Kraft ist die Herzenskraft, die Kraft Allen Seins. Wir können uns nur weiterentwickeln und gesund bleiben, wenn diese Kraft in uns entwickelt wird. Hierzu erhalten wir auch die Hilfe der Geistigen Welt, die uns sehr viel Energie zukommen lässt, um diese Liebesenergie in uns zu stärken oder auch zu erwecken, wo es vonnöten ist.

Im Herzen gibt es einen energetischen Punkt. Er ist der Sitz unseres Zentrums, die Seele. Hier hörst du die feine Stimme deiner Helfer und auch die Stimme deines Höheren Selbst. Das ist die Zentrale, in der sich die Kraft des gesamten Universums sammelt, nämlich deine Liebeskraft. Sie will gelebt werden, will sich weiter ausdehnen und möchte dein gesamtes Sein verschönern. Alles soll in dieser Energie schwingen, deine Gedanken und auch deine Reden.

Du sollst jedem Lebewesen, das sich hier auf Erden befindet und deinem Sein dient, mit Verständnis begegnen, indem du ihm Achtung und Respekt zollst, weil du begriffen hast, dass es auch seine Aufgabe hier auf Erden erfüllen möchte. In ihm ist der Wunsch, dir zu dienen, größer, als du es dir vorstellen kannst. Es schwingt nur in dieser Kraft, die der Motor aller Bestrebungen ist, den Göttlichen Plan zu erfüllen.

Deine Göttlichen Helfer sind an deiner Seite und machen dich Tag für Tag aufmerksam, wie du dich besser und schneller entwickeln kannst und deine Liebe in dir stärken kannst, indem du dieses Leben, das Geschenk Gottes, mit staunenden Augen in dir aufnimmst.

Deine inneren Schranken fallen ab, wenn die Natur von Angesicht zu Angesicht mit dir kommuniziert.

Alles in dir wird sich öffnen, wenn du diesen Kräften die Tür öffnest, dein Herzensportal. Du hast dann nur die Möglichkeit, alles was da »kreucht und fleucht«, alles was wächst, dich nährt und deinen Lebensraum gestaltet, zu lieben. Deine Sinne sind geöffnet und du kannst erfassen, was es heißt, in dieser Liebesenergie, die dir erlaubt, die Heilung deiner Physis und deiner Seele zu erfahren, mitzuschwingen. Alles in dir beginnt sich zu transformieren, und im Außen begegnest du jetzt deinen Mitmenschen mit Verständnis und Mitgefühl. Dies zaubert dir ein wunderschönes Lächeln ins Gesicht, weil du die Herzensgüte ausstrahlst, die man Liebe nennt.

Deinen Geistigen Helfern ist es dadurch leichter, mit dir in Verbindung zu treten. Sie können nun besser für dein Heil sorgen und dich auf deine Aufgabe vorbereiten.

Alles in dir, und mit dir das gesamte Universum, schwingt in dieser Göttlichen Energie. Du kannst jetzt selbst deine Kräfte erkennen, kannst sehen, dass dein Organismus gesund ist und dass jede Zelle deiner Physis in dieser Energie schwingt. Du bist geboren, um die Liebe auszudrücken. Du bist ein Kind der Liebe, gezeugt durch die Liebeskraft, die allen eigen ist. Du fühlst dich nie mehr allein, fühlst dich verstanden und eingebunden in das gesamte Sein. Du bist die Krönung der Schöpfung, die jedes Mineral, jede Pflanze, jedes Tier zu werden wünscht. Danach streben sie, indem sie dir dienen, um dann eines Tages genau auf deinem Platz stehen zu können.

Alles Sein ist aus der Liebe geboren. Du bist es, der diese Göttliche Kraft, die Schöpferkraft, in sich zum Ausdruck bringt, damit Gott sich selbst durch dich verherrlicht. Du bist Gottes Ebenbild. Gott ist die Liebe, die Alles in sich birgt, die die Kraft deines Herzens und die Ewige Flamme ist, die in deinem Herzen brennt. ER ist der Thron, auf dem du in deinem Herzen sitzt, dem Tempel, der IHN beherbergt. Gott ist der Vater deines Seins.

Du bist es, der hier zu dieser Zeit mit der Geistigen Welt gemeinsam diese Liebesenergie über die Erde ausschüttet. So kann sich alles heilen, alles wieder einem neuen schöneren Leben entgegenstreben, weil deine Liebesenergie, die aus deinem Herzen fließt, allen Wesen nicht nur gut tut, sondern sie auch kräftigt und heilt.

Du bist der Schöpfer deines Seins und gestaltest es Tag für Tag neu. Du wandelst im Angesicht Gottes, und die Geistige Welt geht mit dir vereint den Weg, den du gewählt hast. Sie geht ihn mit dir in dieser Energie, der Liebesenergie, dem Ausdruck Allen Seins.

Ich Bin die Gesundheit,
die die Voraussetzung für ein glückliches Leben ist.
Mein Vertrauen ist stark und kraftvoll;
es sind die Lichtströme,
die in mir das Gleichgewicht schaffen,
damit ich in Freuden meine Aufgabe erfüllen kann.
Ich Bin! Ich Bin! Ich Bin!

Ich Bin von der Reinheit geprägt
und drücke sie in meinem gesamten Sein aus.
Hier in dieser Welt ist sie die Voraussetzung
für ein schöneres vollkommeneres Sein.
Hier will ich meine Aufgabe erfüllen
und sie von Gottes Licht getränkt in die Welt senden,
damit sich alles heilen kann.
Ich Bin! Ich Bin! Ich Bin!

4. KAPITEL

Die Güte Gottes in sich aufzunehmen, wird sich überall im Außen auswirken, denn alles wird davon durchdrungen sein, wenn du es geschehen lässt

Die Menschheit ist träge geworden. Keiner möchte mehr etwas gratis tun. Alle wollen verdienen! Die Welt ist in Tausenden von Jahren mehr und mehr versumpft.

Es gibt nur noch wenige Menschen, die noch immer das Güteprädikat besitzen, das aussagt, dass sie sich um den Nächsten sorgen, und wenn es ihm schlecht geht, ihm helfend zur Seite stehen. In der heutigen Zeit gibt es sehr viele Dienstleistungsinstitutionen, aber nur aus dem Grund, weil man darin ein gutes Geschäft wittert. Diese Menschen wissen nichts von der Güte, die man besitzen sollte, wenn man sich einer pflegenden Aufgabe widmet.

Die Äußerlichkeiten in diesem System nehmen einen großen Platz ein, und diejenigen, die hier Aufsicht haben, spüren keinesfalls die Besonderheit ihrer Aufgabe. Sie kennen keinen Unterschied in der Behandlung von denen, die man behindert nennt, und der Altenpflege. Sie kennen nur das Argumentieren über die Problemfälle, aber die wahre Problematik erkennen sie nicht. Ein sauberes Bett zu haben und ein Kleid zu tragen, genügt nicht, um sein Leben in Christlichkeit leben zu können. Alle, die die Hilfe des Nächsten benötigen, brauchen mehr als nur Äußerlichkeiten. Was ihnen fehlt ist, die Güte der Person, die ihnen hilft und sie pflegt.

Das Bedürfnis nach Verständnis ist größer, als man es sich vorstellen kann. Hier braucht es Herzensliebe und Güte, welche ihnen, den Hilfebedürftigen, die Kraft geben, ihr Leben in diesem Sein vollziehen zu können. Die Menschheit, die den Weg des Helfens gehen möchte und diesen Wesen zur Seite stehen will, benötigt Kraft dazu und eine Neuausstattung. Außer der Schulung, die sie erhalten, benötigen sie ebenfalls diese beiden Eigenschaften, um ihren Beruf zur Berufung machen zu können. Keine Institution hat das Personal entsprechend diesen beiden Eigenschaften ausgewählt, im Gegenteil, es scheint so, als seien sie überflüssig.

Um eine Neuzeit zu kreieren, müssen viele alte Gewohnheiten und Bräuche verschwinden. Sie gehören nicht in die Neuzeit hinein, denn hier soll der Mensch als Individuum das himmlische Muster in Vollkommenheit ausdrücken. Dazu passen keine oberflächlich handelnden Institutionen mehr. Es müssen neue Wege beschritten werden, die das Gütezeichen der fließenden Herzensenergien tragen.

Die Personen, die helfen, müssen von der Hingabe durchdrungen sein, damit sich diejenigen, die Hilfe benötigen, auf ihren Lebensweg konzentrieren können, den sie in diesem Leben gehen. Es braucht Verständnis dafür, dass sich Wesenheiten als Behinderte inkarnieren oder zu solchen werden. Auch das Alter gehört dazu. Es ist keine Krankheit, sondern ein Seinszustand, den jedes Geschöpf, das ein Erdenleben gewählt hat, durchläuft. Warum muss das Alter als Krankheitsperiode gelten? Es kann auch die Periode der Vollziehung der Erfahrung genannt werden, denn hier laufen alle Fäden der Erfahrung zusammen und ergeben ein komplettes Bild.

Die Eigenschaften, die man sich geschaffen hat, kristallisieren sich heraus, und man blickt auf seinen Lebensweg zurück, den man gegangen ist. Für den einen ist es eine Gnade, hier noch wandeln zu dürfen, um seine Erfahrungen der jüngeren Generation mitzuteilen. Andere schauen auf ein unüberschaubares Kuddelmuddel zurück. Das sind jene, welche die Hilfe benötigen, um noch einiges transformieren zu können, in der Zeit, die ihnen noch verbleibt.

Um das Richtige für jene Hilfe benötigenden Personen geben zu können, braucht es Herzensbildung. Die kann ein jeder erhalten, wenn er sich auf das Göttliche konzentriert und die Gotteskraft in sich zu aktivieren versucht. Seine Physis durchläuft eine Verwandlung. Die eigenen Kräfte steigern sich, und das Äußere ist von Sanftheit durchdrungen. Das Herz hat sich mehr und mehr geöffnet. Die innere Stimme lenkt und leitet ihn. Himmlische Helfer können ihm bei seiner Aufgabe besser helfen und seine innere Verbundenheit wächst mit jedem Atemzug. Es ist das Verständnis, das sich nun in ihm entwickeln kann.

Dabei hilft ihm auch wieder die Himmlische Welt, aus der ihm die Informationen zufließen, die ihm helfen, seine Aufgabe zu erfüllen. Diejenigen, die ihm anvertraut sind, erhalten seine volle Unterstützung, damit sie die noch verbleibende Zeit für ihre Vervollkommnung nutzen.

Es braucht die Göttlichen Kräfte, um das Verständnis in einem zu wecken. Ist es geschehen, dann kann sich in deinem Innersten nur noch die Güte ausbreiten. Indem du verstehst, fühlst du in dir, wie sich die Wärme von deinem Herzen ausgehend, über deinen Körper ausweitet. Alles in dir weiß, was jetzt zu tun ist. Du erhältst zusätzlich die Unterstützung deiner Geistigen Helfer, welche dir zur Erfüllung deiner Aufgabe zur Seite stehen, und brauchst nur ganz intuitiv dem Herzen zu folgen. Denn hier ist die Zentralstelle der zusammenlaufenden Energien, die nicht nur die Informationen beinhalten, sondern die Liebesenergien des gesamten Universums speichern. Du hast die Wahl, deinem Herzenswunsch zu folgen, um zusätzlich denen, die Hilfe und Heilung benötigen, die wahre reine Information zu geben oder eben nur ihre äußeren Belange zu erfüllen.

Keiner kann wachsen, wenn er nicht seine Aufgabe erfüllt, so dass sich seine eigene Göttlichkeit in ihm erweitern kann. Das Ausmaß ist den meisten Menschen, die solche Institutionen kreieren, in denen die Abhängigen so dahindümpeln, in der Abgeschiedenheit dahinsiechen und auf den Moment des Überganges warten, nicht bekannt.

Auf der materiellen Ebene ist die Verantwortung sehr groß, auf der Geistigen wirkt sie sich jedoch viel schwerer aus. Hier gelten andere Maßstäbe. Denn hier schaut man sich die Herzensenergien an und ob die Güte in ihnen ausgeprägt ist, die sie korrekt handeln lässt. Alles wirkt sich nach dem Gesetz »Ursache und Wirkung« aus.

Es ist eine Tatsache, dass nur die Hilfe, die man reinen Herzens gibt, eine wirkliche Hilfe ist. Alles andere sind nur unvollendete Ansätze. Diejenigen, die, angetrieben von ihrer inneren Stimme, dem Rufe folgen, sind die wahren Helfer. Sie sind es, die tief in ihrem Inneren die Wahrheit verspüren und genau wissen, was ihre Pflichten sind. Sie können ihren Auftrag erfüllen, können diesen Wesenheiten helfen, ihre Zeit sinnvoll zu nutzen, um ihr eigenes Ziel zu erreichen.

Die Zeit drängt und lädt alle, die aufgerufen sind, ein, in die neue Struktur, die gebildet werden muss, ihre Hilfe mit einzubringen. Es muss jetzt bei jedem die Herzensgüte entfacht werden, um der Neuzeit gerecht werden zu können. Keiner kann, wenn er den alten Strukturen folgt, diese in sich entwickeln.

Hierzu benötigt er die Information derer, die auf der feinstofflichen Seite ihren Dienst erfüllen. Sie sind es, die immer die richtigen Voraussetzungen schaffen. Sie sind die wahren helfenden Organe.

Ihre Gaben sind von Liebe und Hingabe durchdrungen, sind mit der Güte und dem Verständnis gefüllt. Sie sind diejenigen, die dich unermüdlich aufrichten, dich stützen, dich tragen, alle deine Leben kennen und wissen, was du dir in diesem Leben als Lernaufgabe und Lebensziel gesetzt hast. Darin unterstützen sie dich in jedem Augenblick deines Lebens. Sie lassen keinen Moment aus, um dich zu lehren, dich zu vervollkommnen und deine Lebensaufgabe zu erfüllen, damit in dir die Herzenskräfte zum Ausdruck kommen.

Die sollen dein Markenzeichen sein, geprägt von Liebe und Güte. Dein Selbstausdruck hat sich verändert, hat dich in ein harmonisches, vertrauensvolles Wesen verwandelt, es ganz und gar, durch die feinen Linien deines Gesichtes und die liebevoll blickenden Augen, zum Ausdruck gebracht.

Die Reinheit des Herzens gehört ebenfalls dazu, denn nur wer REIN ist, kann sich dem Dienst am Nächsten widmen und hört die feinen Stimmen, die ihn lenken und leiten, um den Dienst in vollkommenem Einklang mit den Geistigen Helfern vollziehen zu können. Dieses ist der richtige Weg, der Weg, der in die Zukunft führt, die der vollkommene Ausdruck Allen Seins ist.

Ich Bin die Güte und das Verständnis Gottes,
die sich durch die Kraft der Herzensliebe
in meinem Sein manifestieren,
den Göttlichen Funken in Allen,
die meine Hilfe benötigen, schürt,
damit sie ihr Leben
in Vollkommenheit leben können.
Ich Bin! Ich Bin! Ich Bin!

Ich Bin das Verständnis für Alles Sein.
Ich Bin die Güte und die All-Liebe,
die sich in meinem täglichen Sein ausdrückt.
Ich Bin es,
die / der in all denen,
die Hilfe und Heilung benötigen,
die Herzensliebe entfachen möchte,
damit sie gesunden
und ihre Göttlichkeit zum Ausdruck bringen
und ein Leben in voller Harmonie
und Liebe leben können.
Ich Bin! Ich Bin! Ich Bin!

Und so ist es!

5. KAPITEL

Wird die Gelegenheit kommen, dass wir die Engelwelt, die uns lenkt und leitet, bewusst wahrnehmen können?

Ja, das wird kommen!

Es benötigt dafür den Ausbau der eigenen Kräfte und Fähigkeiten, um das in der Neuzeit hier auf Erden erleben zu können.

Vielen Menschen ist bewusst, dass es eine Veränderung hier auf Erden geben muss, denn die vielen Katastrophen deuten darauf hin. Die Erde wehrt sich, heißt es oft! Aber als Wehren kann man es weniger betrachten, eher als Ursache zur Veränderung. Der wirkliche und wahrhaftige Grund ist, dass sich die Erde jetzt über das alte Schwingungsmuster erheben wird.

Äonen von Jahren sind vorbeigezogen, in denen sich die Erde, obwohl es Polverschiebungen gab, immer in der Energie bewegte, die noch bis fast zum Jahre 2000 anhielt. Jetzt ist sie es, die sich verändern will. Dass sie es kann, zeigt sie uns, denn das Wetter hat sich erheblich verändert. Es gibt Vulkanausbrüche, Überschwemmungen und ganz besonders verstärkt die Erdbeben.

Dazu sollte noch ergänzend gesagt werden, dass die Erde versucht, die Verunreinigungen zu transformieren, die besonders von den Auswirkungen der Verdorbenheit der Menschheit herrühren. Es gibt zu viele, die vom wahren Glauben abgeglitten sind und an die erste Stelle ihrer Zielstrebungen das Materielle gesetzt haben. Dazu gehört auch die Kriegsführung.

Die meisten Menschen sind in ihrem Lebensalltag zu stark mit der Beschaffung des Geldes beschäftigt, so dass sie kaum noch bemerken, wie ihnen die gute Lebensqualität abhanden kommt. Zur Lebensqualität gehört eine gute Ehe, Freundschaft, Partnerschaft, Kollegialität, Vertrauen in die eigenen Kräfte und in Gott, ebenso eine gute Gesundheit, Liebe, Freude und Harmonie. Hierzu gehört ebenfalls das Schicksal der Menschheit. Die Menschen müssen sich diesem Prozess angleichen. Wer jetzt, in dieser Zeit, beim Aufbau der Neuzeit mit tätig ist, muss sich energetisch ebenfalls verändern. Die Veränderung muss, um im selben Zeitabschnitt zu bleiben, im gleichen Rhythmus vorangehen. Das eine ist mit dem anderen verbunden, weil beides zusammengehört.

Diejenigen, die den Heilauftrag haben, gehören an die Spitze gestellt. Hier ist der Platz, von dem aus die Energien beginnen müssen zu fließen. Danach folgen diejenigen, die das Wort führen sollen. Das Wort sollte jedoch von der höheren Sphäre kommen und denen, die das Werkzeug dafür sind, zugeführt werden. Der Reinheitsgrad ist davon abhängig, wie sauber diese Wesenheit in ihrem Geiste und wie gesund sie ist. Das spielt eine große Rolle. Je höher die Sphäre ist, aus der die Information ihr zufließt, umso reiner und vollkommener muss diese Wesenheit sein. Das Fenster für solch eine Kommunikation kann nur geöffnet werden, wenn die Wesenheit alle Voraussetzungen dazu geschaffen hat. Das Nächste ist die Schicht der Helfer. Diese besteht aus all den Personen, die ihr Amt ausführen wollen, die sich aufgerufen fühlen, in ihrem Umfeld die Voraussetzungen zu schaffen, um ein besseres Leben zu ermöglichen. Dazu gehört der eigene Ausbau der Kräfte. Sie bestehen aus Liebesfähigkeit, aus Demut, Verständnis und Güte.

Diese Eigenschaften müssen unter sehr starkem Einsatz geschult werden, bis sie sich in Vollkommenheit manifestieren können. Die beste Schulung erhalten diejenigen, die von der Geistigen Welt geschult werden. Es ist ein höherer Reinheitsgrad damit verbunden. Außerdem kennen die Geistigen Helfer die Wesenheiten besser als ein menschlicher Lehrer, der sich leicht etwas vormachen lassen kann. Das Wesentliche dabei ist, dass die Geistige Welt ganz genau weiß, wie der Prozess bei jedem Einzelnen am schnellsten und am besten zu absolvieren ist, um die besten Voraussetzungen zu schaffen, die ein guter Helfer, ein gutes Werkzeug, besitzen sollte.

Die Helfer sind dann, nachdem sie sich entsprechend entwickelt haben, diejenigen, die dafür Sorge tragen müssen, dass in ihrem Umfeld auch »Alle Göttlichen Aspekte« eingesetzt werden. Das bedeutet, dass sie sich um den Nächsten kümmern und auch der Tierwelt mit all ihren Kreaturen Achtung zollen müssen. Die Pflanzen gehören ebenfalls dazu, denn sie sind die Wesen, die allen Kreaturen auf der Erde die Möglichkeit zum Überleben geben. Sie gehören auch zu denen, die für die Heilung zuständig sind. Denn alles, was hier auf Erden ist, geht und wächst, ist in dem Prozess der Transformation einbezogen. So ist es nun auch verständlich, dass zu dem Aufstieg der Erde auch deren Bewohner gehören.

Die Erde benötigt eine neue Energie, und diese kann von den Himmlischen Bereichen oder von ihren eigenen Bewohnern kommen. Die Erde selbst ist eine weibliche Wesenheit. So wie der Mensch, ist auch die Erde beseelt. Sie hat in den vergangenen Äonen von Jahren für all ihre Bewohner gesorgt. Sie hat sie genährt und getragen. Sie hat ihnen den Lebensraum gestaltet, den sie zum Erdendasein benötigten. Jetzt möchte sie die Veränderung, wünscht für sich und ihre Bewohner ein höheres Ziel anzustreben und bittet alle darum, an diesem Ziel mitzuarbeiten.

Gemeinsam mit der Geistigen Welt sollen alle Voraussetzungen erschaffen werden, damit der Prozess besser verläuft und mit weniger Gefahren für ihre Bewohner verbunden ist. Die Geistigen Helfer sind damit einverstanden und auch diejenigen, die hier den Heilauftrag und die das Wort haben, sind es. Ihre Helfer wünschen es sich ebenfalls. Aber was sie benötigen, ist noch die Ausbildung.

Die Zeit drängt und man spürt es überall auf der Welt, dass viel Unruhe herrscht und auch genauso viel Unfrieden geschaffen wird. Desinformation wird im breiten Rahmen über die Erde verstreut, damit jene Wesenheiten, die hier auf Erden ihren Dienst tun wollen, verunsichert oder in die Irre geleitet werden. Die Missachtung des Lebens hat man auf die Spitze getrieben.

Nur in wenigen Menschen ist das Mitgefühl für die Kreaturen, die uns dienen, vorhanden. Die Seinskraft der Menschen, die im Hier und Jetzt leben sollten, wurde manipuliert, so dass ein jeder sich nur mit der Vergangenheit oder Zukunft beschäftigt. Keiner lebt in der Gegenwart, denn wenn es so wäre, lebte er im Vertrauen, wüsste, dass Gott in ihm ist, um ihn zu lenken und leiten, wäre von sich und seinen Kräften überzeugt und wüsste in seinem tiefsten Innern, was dem Göttlichen Selbstausdruck entspricht. Seine Weisheit wäre grenzenlos, wenn der Reine Geist sich ihm offenbarte.

Alles Sein wäre aktiv und könnte den Prozess des Aufstiegs beschleunigen. Und nicht nur das! Wenn die Liebe, das Verständnis und die Güte in allen Wesenheiten gelebt würde, brauchte die Erde viel weniger Kraftausbrüche. Der Prozess ginge schonender voran, und für alle auf ihr lebenden Wesenheiten wäre es eine Freude, genau zu dieser Zeit hier aktiv mit teilnehmen zu dürfen.

Es ist jedoch genau umgekehrt! Die Energien, die transformiert werden müssen, haben einen explosionsartigen Charakter; das kann man an all dem Geschehen erkennen. Die Kräfte sind zu stark, als dass man sie in ruhig schwingende Energiefelder transformieren könnte. Das negative Kraftpotenzial verläuft nicht in gleichmäßigen

Wellen. Daraus resultieren Vulkanausbrüche, Erdbeben und auch Wetterkatastrophen.

Diese Kräfte benötigen eine besonders starke Transformation, die wiederum einen erhöhten Bedarf an kosmischen Energien voraussetzt. Dazu braucht sie auch die Energien jedes Einzelnen, der hier am Wirken ist. Alle Kräfte müssen zusammenfließen, damit sie ein großes Kraftpotenzial ergeben, um diesen Kräften Halt zu gebieten und sie transformieren zu können.

Das Göttliche muss dazu in jedem Einzelnen nicht nur erweckt, sondern auch aktiviert werden. Das gesamte Potenzial, das in einem vorhanden ist, muss zum Ausdruck kommen, und zwar in seiner Gesamtheit. Gottes Werkzeug zu sein bedeutet, sich vollends auf die Charaktereigenschaften, die die Herrlichkeit und Vollkommenheit des Göttlichen präsentieren, zu konzentrieren. Die gesamte Konzentration sollte darauf verwendet werden, sich in allen Aspekten des Göttlichen Seins zu erkennen und diese auch im Lebensalltag zum Ausdruck zu bringen. Es bringt ungeahnte Kräfte hervor, die dann diesem Prozess zur Verfügung stehen.

Der Einzelne wird in seinem eigenen Leben diese Eigenschaften nutzen können und damit die Voraussetzung für ein vollkommen erfülltes Leben schaffen. Mit Leichtigkeit und Liebe im Herzen trägt er diese Informationen, die er erhielt, in sein Umfeld hinaus. Seine ihm Anvertrauten können sich somit ebenfalls in diesen Prozess einklinken, sich verändern und dazu beitragen, dass der Fluss der positiven Energie immer stärker wird. Er muss zu einem großen mächtigen Strom anwachsen, der alles hier auf Erden Lebende erfasst, es heilt, transformiert und auf den erhöhten Level der Energie bringt, den auch die Erde anstrebt.

Das »Himmlische Leben« breitet sich dann auf der Erde aus. Die Erdenbewohner besitzen nun etwas Gemeinsames – die vollkommene Göttlichkeit – die der Lebensausdruck Allen Ewigen Seins ist. Hinzu kommen die Kraft und das Wissen – das Heilige Wissen, die Heilige Kraft!

Das Potenzial des Geistes wird uns zur Verfügung gestellt. Dem, der ein höheres Amt erfüllen soll, werden die Engel an die Seite gestellt. Sie können von jedermann gesehen werden. Sie sind die Stützen der Wesenheit, die das Wohl aller Lebenden und allen Lebens im Sinne hat. Sie wirken vereint mit ihm zusammen an einem Ziel: der Menschheit zum Wohle zu dienen, allen zu helfen, damit sie ihr Lebensziel erreichen und ihren Auftrag erfüllen können. Sie werden über Allem wachen und dem Rat geben, der das Göttliche Amt innehat, zum Wohle allen Lebens.

Es gehört dazu, dass sich die verantwortungsbewussten Geistigen Helfer, wenn die Erde aufgestiegen ist, an der Seite der Wesenheit befinden, die das Göttliche in seiner höchsten Form ausdrückt. Nur ein vollkommener Geist kann Vollkommenheit ausdrücken. Er ist ein Ausdruck der All-Liebe, ausgestattet mit der Güte und dem Verständnis für alle, die ihm anvertraut sind. Seine hohen Engelwesen an seiner Seite drücken nicht nur seine Größe aus, sondern sind die Verbindung zu den höheren Bereichen des Göttlichen Seins. Sie haben Zugang zu Allem und können zu jedem Zeitpunkt jede Information abrufen, die vonnöten ist. Sie geben jedem einzelnen Wesen die für es richtigen Informationen, die es für seinen Prozess des Aufstiegs benötigt. Die Geistige Welt lenkt und leitet somit alle Erdenbürger und schafft die Voraussetzung für ein Leben im Paradies, angefüllt mit der Liebe des All-Einen.

Die Engel des Herrn sind es, welche auch dich dann leiten, dich schützen und dich lehren können, »von Angesicht zu Angesicht«. Alles wirst du sie fragen können, und alles werden sie dir beantworten. Sie lieben dich und geben dem Ausdruck. Du bist für sie die wichtigste Wesenheit, denn du bist von Gott geschaffen worden und bist auf dem Weg zu Ihm, zurück in dein Heim, deine Heimat, aus der du stammst.

Die Beschwernisse des hiesigen Erdenlebens gehören dann der Vergangenheit an. Dein Herz ist voll Freude und du bist es, der dankbar auf diese Erfahrung, die du in diesem Erdenleben machtest, zurückblickt.

Du hattest all deine Kräfte zusammengerafft und warst dem Rufe deines Herzens gefolgt. Deine innere Stimme lenkte und leitete dich in dieser Zeit. So konntest du den Aufstieg unbeschadet überstehen. Jetzt bist du hier an diesem Platz angekommen, in einer neuen Zeit, einer neuen Welt, mit einer neuen Weltordnung, die weit über das, was du dir jemals vorstellen konntest, hinausragt.

Hier in der neuen Welt, wo die Liebe regiert, bist du nun zu Hause und kannst mit der Engelwelt direkt kommunizieren. Die Engel waren und sind deine Begleiter von Anfang an, aber jetzt sind sie greifbar, so wie du es bist. Ihre Liebe umfängt dich, du spürst die Reinheit ihrer Herzen, spürst die gesamte Gotteskraft und Alles Das Was Ist ist jetzt ebenfalls in dir.

Ich Bin ein Instrument Gottes,
damit sich das Wort
und die Hilfe in dieser Zeit,
durch die Himmlische Welt,
in seiner Reinheit manifestieren kann.
Meine Aufgabe erfüllt sich
und trägt das Wort
und die All-Liebe in die Herzen derer,
die Gott suchen
und sich zu verändern wünschen.
Ich Bin! Ich Bin! Ich Bin!

Ich Bin ein Instrument Gottes,
das hier in diesem Sein tätig ist
und das die Göttlichen Kräfte zum Ausdruck bringt,
damit denjenigen,
die dem Wort des Geistes folgen möchten,
all das gegeben wird,
was sie hier in dieser Welt benötigen,
um die All-Liebe überall in ihrem Lebensalltag auszudrücken,
und sich für das Wohl allen Lebens einzusetzen,
und das somit die Voraussetzung für den Aufstieg der Erde
und ihrer Geschöpfe schafft.
Ich Bin! Ich Bin! Ich Bin!

6. KAPITEL

Die Erde wurde kreiert, um der Menschheit eine Möglichkeit zu schaffen, damit sie ihre Meisterschaft, den Aufstieg und die Aufhebung der Reinkarnationszyklen durch das Absolvieren mehrerer Lebenszyklen erreichen kann

Die Wesenheiten, welche sich hier auf der Erde befinden, gehören zum größten Teil der Wesensgruppe an, die sich einen Aufstieg in eine höhere Sphäre verspricht, wenn sie die Lebensschulung auf Erden absolviert hat. Voraussetzung dafür ist natürlich, dass sie verschiedene Erfahrungen gemacht haben muss, um hier auf Erden leben zu können.

Der Abfall der Engel gehört auch zu diesen Erfahrungen. Es gab nämlich am Anfang der Zeit eine Revolte im Himmel. Die Geistigen Wesen trennten sich, weil ein Teil dem Geistigen Führer Luzifer gefolgt war. Dieser verlangte, der Erstgeborene zu sein. Dadurch gab es die Trennung von Gott zum ersten Mal. Ein Teil der Engelwelt glaubte ihm und unterstützte sein Verlangen. Nachdem er verloren hatte, schlossen sich auch für sie die lichten Sphären. Ihre Körper verdichteten sich, und sie wurden ebenfalls an den Zyklus Geburt und Wiedergeburt gebunden. Jene Wesenheiten machen die Mehrheit der Menschheit aus. Sie sind nun auf dem Weg nach Hause, zurück in ihre Sphärenwelt.

Hierzu ist noch zu sagen, dass es für manch eine höhere Wesenheit auch eine Ehre darstellt, hier auf Erden dienen zu können. Sie inkarnieren sich hier und weisen nicht nur den Brüdern und Schwestern den Weg, sondern machen mit ihnen hier in diesem grobstofflichen Bereich die Erfahrungen, die wiederum den Hilfe suchenden Erdenbürgern eines Tages zugute kommen.

Es gibt aber noch ein paar Ausnahmen. Es sind die, die hier auf Erden für Unheil sorgen. Sie sind diejenigen, die aus fernen Bereichen des Universums kommen. Sie wollen die Erdenbewohner nicht nur versklaven, sondern auch ihre energetischen Ausstrahlungen benutzen, um für sich die lebensnotwendigen Energien zu kreieren, damit sie genügend Lebensenergie erhalten.

Sie sind es, die störende und streitende Prozesse aktivieren, die sehr viel Unruhe stiften und zu allem Überfluss auch die Kriege in Gang bringen. Sie kreieren alles Mögliche, damit die Menschheit in Angst lebt, gierig nach materieller Befriedigung strebt und dabei das Gefühl für sich selbst und den Nächsten verliert.

Dieses ist die Ausgangsbasis zur Korruption und ihrer Anhänger, die die Anhänger der Negativen sind, und das alles nur, um die Menschheit wieder versklaven zu können. Weit weg von ihrem Ursprung soll sie gebracht werden, damit sich ihr Streben nach dem Göttlichen verliert und sie nur noch in dunklen Zonen (Slums) dahinsiecht, gefangen in der Habgier, der Eitelkeit, dem Dünkel und der falschen Vorstellung von Liebe. Man versucht sie sexbesessen zu machen.

Das Ziel ist, ihnen ein Leben im Angesicht Gottes zu verwehren, ihnen den Trost des Aufstiegs zu nehmen und der Masse das Ziel der Transformation in ein höheres Bewusstsein zu verdunkeln.

Alles hat sich in den letzten Jahrhunderten entsprechend dieser Informationsträger entwickelt. Die Erde stöhnt unter dieser Belastung und tut nun alles, um sich von diesen Energien zu befreien. Dazu gehören auch die Wesenheiten, Devas genannt. Sie tragen in diesem Aufstiegsprozess sehr aktiv dazu bei, dass sich diese negativen Ströme auflösen oder transformieren können.

Das Naturreich, das in den vergangenen Zeiten sehr unter dem Negativen gelitten hat, tut nun alles in seinen Kräften Stehende, hier ein neues Lebensgebiet zu erschaffen. Sie befreien die Erde von allen negativen Energietrümmern und bremsen den Fluss der dunklen Energie, damit sich die Veränderung mehr und mehr manifestieren kann.

Die Geschöpfe, die im Naturreich dienen, sind selbstlos und tun alles aus Liebe zum Nächsten. Sie wissen von den dunklen Mächten und deren Machenschaften mehr als die Menschen. Sie sind darin geschult worden und haben die Erdenmenschen tief in ihr Herz geschlossen. Sie wissen, dass es ohne ihr Mitwirken keine Möglichkeit zur Veränderung gibt.

Sie stehen mit der höheren Geistigen Welt in Kontakt und können daher auch in ihren Bereichen die notwendigen Aufgaben lösen. So ist es für die Menschen der Erde möglich, sich durch ihre Mithilfe weiterzuentwickeln. Denn sie sind es, die sich an ihre Seite gesellen, damit die Menschheit auf dieser Seinsebene ihr Ziel erreichen kann.

Nur die dunklen Mächte mit ihren Werkzeugen kreieren das Ungleichgewicht zwischen Allem, was hier auf Erden lebt, gleichgültig ob es sich im Meer, in der Luft, in oder auf der Erde befindet. Alle Kreaturen sind davon betroffen, auch die feinstofflichen Bewohner der Erde, die das Menschenauge nicht wahrnimmt. So ist es auch nicht verwunderlich, dass hier diese dunklen Gesellen alles Mögliche versuchen, um die Menschheit nicht nur vom Weg abzubringen, sondern mit Macht von ihrer Quelle des Ewigen Seins abzuschneiden.

Hier liegt die Erklärung für alles Negative, das sich zur Zeit auf Erden abspielt. Die dunklen Mächte kämpfen mit allen Mitteln um das Überleben und wollen den Aufstieg der Erde mit seinen Bewohnern verhindern. Die Neue Welt, die ihnen keinen Platz bietet, soll sich nicht manifestieren können. Dort gibt es für sie keine Überlebenschance. Das ist der Grund für die Manifestation des negativen Lebens und dessen Auswüchsen hier auf Erden.

Wir haben bereits zum Ausdruck gebracht, dass zum Aufstieg der Erde auch ihre Bewohner gehören. Der Prozess ist bereits im vollen Gange. Vieles von der negativen Energie konnte transformiert werden. Aber es ist immer noch ein Großteil der dunklen Energieströme im Umlauf.

Diese können, mit Hilfe der Wesenheiten, die hier auf Erden ihr Amt erfüllen, zum Teil energetisch verändert werden. Aber ausschließlich durch die Mithilfe der Geistigen Welt kann sich diese dunkle Kraft erst auflösen. Sämtliche Helfer sind pausenlos im Einsatz, um hier die Veränderung mit zu unterstützen.

Die Geistige Welt muss die richtige Information der Menschheit zukommen lassen, damit sie von diesem Prozess erfährt und aktiv mitarbeiten kann. Das geht natürlich nur, wenn sie sich dem Göttlichen zuwendet und alle Qualitäten des Göttlichen Seins zum Ausdruck bringt.

Der Wunsch es zu wollen, ist ausschlaggebend. Die Geistige Welt kann nur denen bei der Transformation behilflich sein, die den festen Wunsch haben, aktiv mitzuwirken. Niemand kann dazu gezwungen werden, denn der freie Wille wird respektiert. Die Zusammenarbeit zwischen allen Mitbeteiligten ist nur dann gewährleistet, wenn sich diejenigen, die aufgerufen sind, beeilen, die Veränderung in sich herbeizuführen. Die Art und Weise, wie es geschehen kann, wird ihnen mitgeteilt werden. Die Geistigen Helfer wissen davon und werden es in der für sie korrekten Weise arrangieren. Das Umfeld eines jeden verändert sich bereits mit dem Wunsche. Es sind die

Kräfte des Geistes, die sofort wirksam werden, um das zu aktivieren, was man die Liebeskraft nennt.

Diese Kraft, einmal in jedem geweckt, kann nur Gutes erschaffen. Nichts, was ihr nicht gleicht, wird sich durchsetzen können. Diese Liebeskraft wirkt sich entsprechend ihrer Schwingungsfrequenz in den Bereichen aus, die wir die inneren Ebenen nennen wollen. Die Liebesfrequenz durchdringt die Wesenheiten vollkommen, dehnt sich darüber hinaus aus und erreicht alle diejenigen, die dem Rufe folgen wollen.

Wer den Weg nicht gehen möchte, hat keine Möglichkeit, sich auf eine höhere Ebene anzuheben. Er bleibt auf der Schwingungsebene und sucht sich einen neuen, seiner Schwingung entsprechenden Lebensraum.

Die Erde geht den Weg der Erhöhung, und ihre Liebe ist so groß, dass sie auf die Menschen, die sie begleiten wollen und sie beim Prozess unterstützen, Rücksicht nimmt.

Die Heerscharen der Göttlichen Welt sind an ihrer Seite und unterstützen alle, die hier wirken und die den Weg der Transformation für ein Leben in einer schöneren, vollkommeneren, harmonischeren Welt eingeschlagen haben. Das Göttliche drückt sich in ihnen aus, durch die Liebesfähigkeit und das Verständnis für Alles Sein.

Ich Bin das Vertrauen!
Gottes Helfer führen mich
und geben mir die Kraft vom Reinen Geiste,
damit sich das Werk Gottes hier auf Erden
auch manifestieren kann.
Sie sind es,
die vereint mit mir,
die Herzen derer erreichen,
die aufgerufen sind zur Mitarbeit
und um den Prozess der Veränderung zu beschleunigen,
die Liebe zu Allem Sein zu entwickeln,
und die Gotteskraft in sich zu stärken,
damit sich die Erde transformieren kann.
Ich Bin! Ich Bin! Ich Bin!

Ich Bin es, die / der will,
dass sich der Reine Schöpfergeist
in meinem Leben manifestiert,
damit sich die All-Liebe in meinem Sein ausbreitet
und Gottes Licht in meinem Leben manifestiert.
Die All-Liebe lenkt und leitet mich,
wirkt in meinem Erdendasein
und erlaubt es mir dadurch,
meinen Auftrag zu erfüllen.
Ich Bin! Ich Bin! Ich Bin!

7. KAPITEL

Die Transformation hat begonnen!
Gehören dazu auch die vielen kleinen Sorgen
und Nöte des Lebensalltags,
die jeder Einzelne zur Zeit verstärkt in seinem
persönlichen Umfeld findet?

Das Leben der Menschheit verläuft in unterschiedlichen Bahnen. Sie laufen nicht immer parallel, haben Engpässe, mal geht's bergauf und dann wieder bergab.

Jedes Leben hat seine persönliche Färbung erhalten. Keines gleicht dem anderen. Alles ist von der eigenen Erfahrung, die ein jeder machen muss, abhängig.

Die Menschheit hatte in den vergangenen Jahren Erfahrungen machen müssen, die jedoch ganz anderer Art waren als die, die zur Zeit nötig sind. Alles hängt von der Transformation der eigenen Energie und den damit verbundenen Erfahrungen ab. Die Schulung eines jeden Menschen muss in dieser Zeit schneller und intensiver gestaltet werden.

Dadurch kommen auch sehr viele Phasen in jedermanns Leben vor, die den ständigen Wechsel, das Auf und Ab, das Hin und Her, deutlich veranschaulichen. In dieser Zeit sind die Ruhephasen recht kurz und die Lernphasen oft recht heftiger Art.

Dies zeugt davon, dass die Zeit drängt und die Menschheit sich so schnell wie möglich verändern muss. Es entstehen ganz neue Gesichtspunkte, welche in jedes Leben integriert werden müssen. Neue Informationen, die ein ganz neues Konzept darlegen, fließen ihnen zu. Nicht jeder kann das sofort akzeptieren.

Das liegt am Festhalten an den alten Gewohnheitsmustern. Hier muss die Veränderung stattfinden. Die Bereitschaft eines jeden natürlich vorausgesetzt. Am meisten sind die Heilkundigen davon betroffen. Es gibt so viele neue Heilmethoden, die der Menschheit zur Zeit zur Verfügung gestellt werden. Das Erfassen benötigt schon seine Zeit. Aber sie dann in der Praxis anzuwenden, ist bereits etwas schwieriger. Da es an Erfahrungswerten fehlt, muss ein jeder selbst aus seinen frisch gewonnenen Eindrücken und Ergebnissen die Konsequenzen ziehen und sich selbst vorarbeiten.

Die neuen Konzepte werden allmählich zum Allgemeingut gemacht. Aber auf diesem Weg sind grundsätzlich viele Widerstände zu überwinden. Das Alte ist noch nicht verschwunden, das Neue noch nicht erforscht. Vor allem fehlen die Beweise, die ein jeder glaubt, besitzen zu müssen. So ist nun viel Unruhe in den Reihen der Heiler ausgebrochen. Vieles ist verwirrend, anderes wiederum abstrakt, und man kann es kaum begreifen.

Zudem wird natürlich auch noch extra Verwirrung gestiftet, um noch mehr Konfusion entstehen zu lassen. Man verliert den Überblick, bleibt verwirrt zurück und gibt auf.

So ist es nur allzu verständlich, dass sich Neues nur langsam durchsetzt, Altes dagegen weiterhin bestehen bleibt. Es gibt aber keine andere Möglichkeit, um ins Neue Zeitalter zu gehen, als die der Veränderung. Die Welt muss sich auch in ihrem Gesamtausdruck verändern können.

Wie kann ein neues Sein erschaffen werden, wenn es immer

noch Kriege gibt und sich so viel Unrat hier auf der Erde befindet? Alles muss verschwinden und transformiert werden, damit die neue Welt wachsen und die Neuzeit sich ausdrücken kann.

Hierzu gibt es viele Techniken, die uns bei diesem Prozess unterstützen werden. Das sind die persönlichen Veränderungen, die Strukturveränderungen und die Sensibilität.

Die persönlichen Veränderungen beginnen mit dem Wunsch sich verändern zu wollen. Dann hat man Gelegenheit, sich und sein Benehmen unter die Lupe zu nehmen, um alle Verhaltensmuster, die einer Veränderung bedürfen, zu verwandeln. Das tägliche Leben wird es ans Licht bringen. Durch die Reibung oder das Anecken im Lebensalltag hat man nicht nur die Gelegenheit, es zu erkennen, nein, auch es verwandeln zu können. Jeder erhält dafür die Möglichkeit.

Hat sich der Charakter verändert, so beginnt sich auch die Zellstruktur zu verändern. Krankheitsbilder, die der Vergangenheit angehören, existieren nicht mehr. Der Körper gesundet und kräftigt sich zunehmend. Das Gefühlsleben wird intensiver.

Ängste müssen in Vertrauen umgewandelt und die Herzensliebe zum Fließen gebracht werden, damit das Selbstgefühl erwacht und so dem Nächsten verfügbar gemacht werden kann. Ist das geschehen, hat sich der Lebensausdruck jedes Einzelnen verändert. Nun erst kann er seine Arbeit so gestalten, wie es dem göttlichen Aspekt entspricht.

Sein Umfeld profitiert von dieser Veränderung zuerst. Danach weitet es sich immer mehr aus. Es zieht immer weitere Kreise, die Bahnen vergrößern sich mehr und mehr. Die Auswirkungen sind die gleichen wie bei dem Stein, der ins Wasser geworfen wird und Ringe auf der Wasseroberfläche zeichnet. Jede Veränderung wirkt sich genauso intensiv aus und wird von all denjenigen wahrgenommen, die den Prozess unterstützen.

Das ist die Erde mitsamt ihrer Helferschar und all den Göttlichen Helfern, die hier tätig sind. Die Menschen müssen den erste Schritt tun. Sie bestimmen, ob oder wann ihnen geholfen werden soll. Der Wunsch zur persönlichen Veränderung ist der erste Schritt in eine neue Zeit, in eine neue Welt, die Liebe, Harmonie und Wohlstand ausdrückt. Ein neues Sein wird erschaffen.

Die neue Weltordnung kann sich nur manifestieren, wenn sich die Erdenbürger eines Besseren besinnen und ganz gezielt durch ihre eigenen Veränderungen dem Machtwahn ein Ende setzen. Dem Negativen wird somit Einhalt geboten und den Lebewesen der Erde geholfen, sich mit ihrem gesamten Kraftpotenzial in diesen Prozess unterstützend einklinken zu können.

Das ist der Weg! Es gibt keine andere Möglichkeit, den Prozess der Verwandlung anzustreben. Je mehr die Menschheit dahindämmert, umso schwieriger ist es, die Verwandlung zu vollziehen, umso häufiger entstehen Naturkatastrophen. Es ist die einzige Möglichkeit, sich von dem angestauten Überdruck zu befreien.

Die Menschheit erhält zur Unterstützung die Kraft aus den höheären Sphären. Sie erhält nicht nur die richtige Information, sondern auch die für sie und ihren Prozess richtige Schulung, das korrekte Wissen. Mit diesen Kräften vereint, kann der Prozess nicht nur beschleunigt, sondern auch sanfter überstanden werden.

Die Information von neuen Heilmethoden wird besser aufgenommen und integriert werden. Die Neuausrichtung wird sich mehr und mehr in den Ländern durchsetzen und ein neues gemeinsames Ziel anstreben, damit es eine Politik des Aufstiegs wird und nicht so wie die in der Vergangenheit, die nur der Vernichtung diente.

Der neue Aspekt Allen Seins ist die Liebe, das Verständnis für ein Miteinanderleben und Wirken. Diese Kräfte in uns aufzubauen und sie auszudrücken, ist das gemeinsame Ziel. Dazu gehören nun auch die persönlichen Schwierigkeiten, die es bei jedem Wesen gibt und die zu seinem persönlichen Prozess gehören. Alle Schwierigkeiten dienen einem Zweck; sie lehren und geben dir Kraft. Jedes

Mal wächst du daran und auch deine Sinne werden geschärft. Du bist der Schüler und Lehrer zugleich. Du bist es, der dafür die Verantwortung trägt, ob es zur Niederlage oder zu einem triumphalen Sieg wird.

Alles hängt von deinem persönlichen Wunsch und Einsatz ab. Deine innere Stimme führt dich auf den für dich richtigen Weg. Sie schafft für dich die richtigen Situationen, an denen du wächst und die dich so verändern, dass sich alles so entfalten kann, wie es für dein Wachstum benötigt wird.

Du erhältst alles, was du brauchst, alles was für dich und deine Lebensweise nötig ist, damit die Grundvoraussetzung für ein vollkommenes Leben geschaffen werden kann.

Du bist hier die wichtigste Person, die gewillt ist, ihren Dienst zu erfüllen, die dazu beitragen möchte, dass die Verwandlung in ein Neues Sein weniger dramatisch verläuft.

Dafür nimmst du auch die vielen störenden persönlichen Prozesse in deinem Lebensalltag in Kauf, weil du weißt, dass sie dazu gehören, weil sie dich formen, dich zu dem machen, was man ein Göttliches Werkzeug nennt.

Ich Bin ein Licht von Gottes Licht.

Ich Bin die Kraft,
die hier in diesem Sein zusammen mit der Geistigen Welt
die Voraussetzung für ein Neues Sein schafft,
dass die reinen Aspekte des Göttlichen Seins
in Vollkommenheit ausdrückt
und die All-Liebe in allen Kreaturen entzündet.
Gottes Energie breitet sich aus,
damit sich sichtbar die Neue Welt manifestieren kann.
Ich Bin! Ich Bin! Ich Bin!

Ich Bin ein Gottesvertreter,
der hier in diesem Sein Ordnung schaffen will,
der die Reinheit und Schönheit Gottes all denen offenbart,
die hier in dieser Zeit ihren Dienst am Nächsten tun wollen.
Ich Bin die Liebe, die sich ausdehnt,
und die sich in all meinen Handlungen manifestiert
und die mein Gottvertrauen widerspiegelt.
Ich Bin! Ich Bin! Ich Bin!

8. KAPITEL

**Die Neuzeit beginnt mit dem Aufruf der Versöhnung,
der Brüderlichkeit und der All-Liebe!**

Auf der Erde gibt es viele Menschenrassen, die aus verschiedenen
Kulturkreisen stammen. Obwohl in den letzten hundert Jahren die
Menschheit sich mehr und mehr vermischt hat, sind doch gerade
die Verhaltensmuster, die von ihrem Kulturkreis gefärbt sind, oft
Anlass zu persönlichen Schwierigkeiten, die sich bis zum Krieg stei-
gern können.

Woher kommt das? Wieso ist es möglich, dass einem das Verständnis dafür fehlt? Woher kommen die Verhaltensweisen und
Bräuche der Völkergruppen? Wer hat sie dieses gelehrt?

Fragen über Fragen tun sich auf!

Vor vielen Jahrtausenden wurde die Erde bereits von außerirdischen
Wesen bereist. Sie sind es, die die vielen Kulturen geschaffen haben,
und man sieht ihnen das Erbe immer noch an. Die vielen verschiedenen Rassen tragen noch immer diese Merkmale. Die Hautfarbe
und die Physiognomie drücken es ganz deutlich aus, von welchen
Außerirdischen diese Rassen geprägt wurden. Damit sind natürlich
auch die Bräuche verbunden, die es in ihren sozialen Schichten
gibt.

Alle Menschengruppen haben eines gemeinsam: Sie wurden von Außerirdischen besucht, manipuliert und auch zum Teil ausgerottet, wenn es ihrer Ansicht nach vonnöten war. Sie machten dieses ganz geschickt, indem sie von Gott sprachen, dem Rächer, der seine Kinder züchtigte, die ihm den Gehorsam verweigerten. Somit wurden, wie es auch noch heute Brauch ist, diese Länder angegriffen und, wenn möglich, vernichtet. Wer überlebte, musste sich ihnen anschließen und ihre Bräuche annehmen.

Es gab aber unter ihnen weise Männer, die das Wissen ihrer Kultur an ausgewählte Persönlichkeiten weitergaben, und zwar von Mund zu Mund. Dieses Wissen war der Allgemeinheit nicht zugänglich. Es wurde geschützt, damit die Unwissenden selbst keinen Schaden nahmen und somit auch keinen anrichten konnten. So blieb es viele Jahrtausende versteckt und kommt erst jetzt zum Anbeginn der Neuzeit wieder zum Vorschein.

Viele Kulturkreise, die von den Informationen des All-Einen lebten und die geistigen Botschaften in die Tat umsetzten, fielen diesen üblen Wesen zum Opfer. Es gab nicht nur Bürgerkriege, sondern es ging noch darüber hinaus. Abhängigkeitsrituale wurden kreiert, die einen starken Druck auf sie ausübten, sie dominierten und zu Sklaven machten. Viele fielen ihnen auch zum Opfer. Auch heutzutage gibt es noch viele Bräuche, die an jene Zeit erinnern.

Es gab in den verschiedenen Epochen hohe Geistige Wesen, die sich hier auf Erden inkarnierten, um der Menschheit das Reine Wissen zu bringen und um dadurch die Abhängigkeit abzuschaffen.
   Diese Wesen gab es immer wieder. Oft waren es Gründer einer neuen Religion. Hier spielte auch wieder der Kulturkreis und die geografische Lage eine Rolle. Diejenigen, die inkarnierten, haben der Menschheit nicht nur das Wissen, sondern auch Heilung gebracht. Dazu gehörte natürlich auch das Klima, welches sich in den Bräuchen, die es heute noch gibt, ausdrückt. So gab es nur das eine

Wissen von Gott und Seinen Gesetzen. Es gab auch verschiedene geografische Zonen mit ihren dort herrschenden Temperaturen, die sich in den Verhaltensstrukturen widerspiegeln.

Es gibt nur einen Gott, der dieses Universum schuf, in dem wir leben. Aber man gab Ihm verschiedene Namen, die immer dasselbe ausdrücken. Die Menschheit ist daher im Kleinen wie im Großen bis heute von diesen Bräuchen geprägt. In der kommenden Zeit jedoch müssen diese Barrieren niedergerissen werden.

Das Verständnis dafür muss in jedem Einzelnen wachsen, dass in jeder Wesenheit Gottes Funken tätig ist, ihn lenkt und leitet, vollkommen egal in welchem Lande er aufwächst und welcher Religion er angehört. Die Schwierigkeiten, die vom falschen Verhalten herrühren, das von seinem Umfeld geprägt ist, werden sich auflösen können. Indem es akzeptiert und verstanden wird, ist die Hürde bereits überwunden.

Die Zeit drängt, heißt es immer wieder. Ohne dass das Verständnis für seinen Nächsten wächst, kann man nicht den nächsten Schritt tun, nämlich die Brüderlichkeit leben. Nur wer das Verständnis in sich entwickelt hat und sich selbst liebt, kann die Brüderlichkeit leben.

Was bedeutet das? Die Brüderlichkeit leitet sich nicht nur davon ab, dass wir alle Brüder und Schwestern sind. Wir müssen davon ausgehen, dass wir auf der feinstofflichen Seite miteinander verbunden sind. Dieser Verbund ist es, den wir damit ausdrücken.

Man erkennt, dass wir ganz egal, wo wir leben, welches Amt wir bekleiden und wie unser Umfeld aussieht, auf der feinstofflichen Ebene Geschwister sind, weil wir Gottes Kinder sind. Auf der Himmlischen Ebene sind wir in Liebe miteinander verbunden, die sich darin ausdrückt, dem anderen zu helfen und ihm beistehen zu wollen.

Es ist der Sinn eines jeden Lebens, dem Bruder, der Schwester nahe sein zu wollen. Auf das tägliche Leben bezogen bedeutet dieses erstens einmal die Annahme ohne Vorbehalt und zweitens die Anerkennung seines Göttlichen Aspektes, der ihm innewohnt.

Liebe verbindet! Hass und Neid entfernen dich von deinem Ziel. Reine Gedanken, die auf das Göttliche ausgerichtet sind, helfen dir dabei, dich selbst zu lieben und damit auch den Nächsten.

Liebe richtet nicht! Du besitzt das Verständnis, der ein Teilaspekt der All-Liebe ist, die Güte genannt wird.

Wenn du in der All-Liebe deinen Dienst tust, dann erst bist du in der Lage, wirklich deinem Nächsten helfen zu können. Alles Dienen ohne diesen Liebesaspekt ist unwürdig, so benannt zu werden. Wahres Dienen kommt von Herzen, ist mit Verständnis ausgestattet, hilft und heilt den Nächsten, deinen Bruder und deine Schwester.

Das ist die Brüderlichkeit, von der wir sprechen, die aus der Akzeptanz und dem Verständnis jeden Lebensausdrucks kommt, der hier auf Erden weilt. Alle diese Faktoren drücken den Liebesaspekt aus, die All-Liebe.

Die All-Liebe erfasst Alles Sein, das ganze Universum, mit Allem Das Was Ist. All das, was der Geist erschaffen hat, ist aus dem Aspekt der All-Liebe geboren und erschaffen worden. Diese Liebe erfasst alles. Es gibt kein Leben, das ohne Liebe kreiert werden kann. Liebe ist das Wort, das uns alle verbrüdert, und das, was uns heilt. Die Liebesenergie gibt uns Kraft, sie verschönt unser Leben, denn sie lässt uns glücklich sein.

Wer liebt, ist des Glückes voll, denn sein Herz jubelt. Seine Liebesenergie strahlt aus seinem Antlitz und bezaubert sein Umfeld. Die Liebesenergie ist die schönste und die intelligenteste Energie überhaupt. Sie ist die Schöpferkraft! Sie ist die Flamme des Herzens! Wer in der Liebe ist, ist in Gott und Gott ist in ihm.

So einfach geht es, denn Gott ist Liebe. Seine Liebe drückt sich durch dich, der hier auf Erden weilt und wandelt, jeden Tag und jede Minute aus. Du bist es, der den Liebesaspekt Allen Seins hier zum

Ausdruck bringt. Du bist es, der durch diesen Aspekt mit Allem Das Was Ist verbunden ist.

Du bist die Kraft des Geistes, die hier auf dieser Erde zu dieser Zeit tätig ist und die den Aufstieg machen möchte. Dazu gehört es, die All-Liebe vollständig in deinem Herzen zu integrieren, damit du im vollkommenen Verständnis für Alles Sein handelst. Deine Liebe stärkt nicht nur dich selbst, sondern auch alles Leben.

Die Lebenskraft eines jeden kommt aus der Schöpferkraft, der Liebesenergie. Sie speichert sich in jeder Zelle deiner Physis, aktiviert deine Organe und drückt sich durch deine Liebesfähigkeit aus.

Du musst sie in dir zum Ausdruck bringen, denn dieses ist dein Kapital, welches dir gegeben worden ist, um hier deinen Weg gehen zu können.

Ich Bin es, die / der will,
dass die All-Liebe mein ganzes Sein durchdringt
und dass der Reine Schöpfergeist in meinem Sein tätig ist.
Die All-Liebe des All-Einen breitet sich
in seiner Vollkommenheit in meinem Lebensalltag aus.
Sie ist es,
die mich führt und leitet
und die mir hilft,
meine Aufgabe zu erfüllen.
Ich Bin! Ich Bin! Ich Bin!

Ich Bin die Vollkommenheit,
die sich in meinen gesamten Gedanken manifestiert.
Die Liebe und das Verständnis für Alles Sein
drückt sich dadurch aus
und erleichtert mir mein Sein hier auf der Erde.
Ich Bin die Kraft,
die hier hilft,
ein harmonisches Zusammenwirken Aller Geschöpfe
des All-Einen zu bewirken.
Dieses ist mein Weg und meine Aufgabe zugleich,
und Gottes Himmlische Wesen sind es,
die mir helfen, meine Lebensaufgabe zu erfüllen.
Ich Bin! Ich Bin! Ich Bin!

9. KAPITEL

Das Universum ist von Gott erschaffen worden. Auch du bist es! Der Schöpfer deines Seins bist du!

Du bist von Gott nach Seinem Ebenbild erschaffen worden. In dir brennt Seine Flamme, Sein Licht. Du bist die erhabenste Kreatur auf der Erde und trägst die Verantwortung für alles Erdenleben.

Gott gab dir den Auftrag, die emporstrebenden Geschwister zu beschützen. Deine Brüder und Schwestern, die Pflanzen und Tiere dieser Erde, sind damit gemeint. In deinem Auftrag ist der Liebespakt miteinbezogen. Er ist die Grundvoraussetzung für ein korrektes Wirken im Sinne von Gott.

Hier geht es um das Begreifen des gesamten Liebesaspektes. Die Liebe, die von Gott ausströmt, erfasst alle Wesenheiten, bis hinunter ins Mineralreich. Sie sind aus dem Licht jener Energie, die angefüllt ist mit der vollkommenen Liebe, erschaffen worden. Es ist die Schöpferkraft. Alles Sein ist mit dieser Energie erschaffen worden. Diese Kraft, die Liebeskraft, ist daher in Allem Das Was Ist. In jedem Stein, in jeder Pflanze und auch in jedem Tier schwingt sie.

Alle Kreaturen, die Gott schuf, sind aus Liebe erschaffen worden und drücken diese Kraft auch in Vollkommenheit aus. Sie dienen IHM und sie opfern sich, um IHM Nahrung zu spenden. Sie eifern

IHM nach, weil auch sie sich zum Menschen entwickeln wollen. Dieses ist das höchste Ziel einer Kreatur, die hier auf Erden lebt: ein Mensch zu sein!

Warum ist es uns bisher noch nie in den Sinn gekommen, ihnen bei ihrem Aufstieg zu helfen? Wieso schaut man auf sie hinab und akzeptiert sie nicht als das, was sie wirklich sind, nämlich unsere Brüder und Schwestern. Ihrer Hingabe können wir täglich begegnen, denn viele von ihnen leben eng mit dem Menschen zusammen.

Damit sind die Haustiere und auch die Pflanzen in den Gärten sowie in den Wohnungen gemeint. Sie sind bei dir, um dein Sein zu bereichern. Sie geben dir das, was du am meisten für deinen Weg benötigst, nämlich die grenzenlose Liebe. Ein Tier und eine Pflanze können nur Liebe, die sie tief in ihrem Herzen tragen, zum Ausdruck bringen.

Wie kommt es, dass der Mensch diese Wesen so missachtet und oft auch misshandelt? Wie ist es möglich, dass man die Liebe, die aus den Augen der Tiere strahlt, nicht mehr wahrnimmt?

Hieran kann man ganz klar erkennen, dass die eigenen Herzenskräfte blockiert sind und der Mensch empfindungslos geworden ist. Das Problem daran ist, dass er es nicht nur den Tieren und Pflanzen gegenüber ist, nein, auch den Mitmenschen und vor allem sich selbst gegenüber.

Sich selbst nicht zu lieben ist das Furchtbarste, was sich eine Wesenheit selbst antun kann. Ohne Liebe gibt es kein Leben. Nur die Liebeskraft kreiert neues Leben und erhält es. Wie sieht das Leben eines Menschen aus, der sie nicht in sich entwickelt hat? Alles in so einem Leben ist grau in grau. Es ist voller Trübsal, denn Neid und Missgunst triumphieren hier. So kann das Leben nicht zum Erfolg führen, außer auf der materiellen Ebene natürlich.

Ob ein Leben erfolgreich verläuft, kann man an den Gesichtern erkennen, denn sie strahlen die Güte Gottes aus. Das Verständnis für Alles Sein spiegelt sich in ihren Augen. Sie wissen, dass ihr

Erfolg nur wachsen kann, wenn sie sich vollkommen den Geistigen Gesetzen hingeben, ihre Kräfte auftanken lassen und sich von der Substanz der All-Liebe nähren. Diese Energie, die Allem Sein inne ist, beinhaltet das Verständnis für Alles Sein, auch für sich selbst.

Empfindest du keine Liebe für dich selbst, so empfindest du sie auch nicht für den Nächsten. Du kannst niemanden lieben, auch wenn du davon überzeugt bist, dass du deinen Mann, deine Kinder, die Eltern oder das Tier liebst, so tust du es dennoch nicht. Keinem ist es möglich.

Nur derjenige, der diese Kräfte in sich entwickelt hat, kann lieben. Er kann von ganzem Herzen die Liebe spüren, die auch vom anderen ausstrahlt. Er ist in der Lage, die Zusammenhänge allen Seins zu erfassen, begreift die Tierwelt, weiß um die Aufgabe der Pflanzen und Mineralwelt, und ordnet sie entsprechend in sein Leben ein. Er nutzt ihre Kräfte und auch ihre Weisheit. Sie haben den Hauptanteil an der Gesundheit eines jeden Einzelnen und an dem Planeten, der Erde.

Die Welt gehört dir! Aber du weißt es nicht. Du glaubst immer noch, dass alles, was sich hier auf Erden in deinem Umfeld befindet, den anderen gehört. Dir ist bis heute noch nicht aufgefallen, dass du für das, was du lebst, selbst die Verantwortung trägst. Deine gesamte Einstellung muss sich ändern. Du hast die Aufgabe, hier, zu dieser Zeit, dein Leben zu gestalten. Du bist hier, um dein Werk zu vollziehen. Du willst wachsen und dich vervollkommnen. Dazu gehört jedoch auch, dass du die Verantwortung für dich und deine Gedanken übernimmst.

Das Erdendrama muss abgeändert werden. Die Erde soll zu dem werden, was sie ist: eine Schulungsstätte. Auf dieser Erde soll es ein liebevolles Miteinanderleben geben. Hier sollen die Brücken geschlagen werden für alle, die im Aufstieg begriffen sind, die den Weg der Vervollkommnung gehen, damit sich Gottes Liebe überall manifestieren kann. Das ist der Grund, warum du dich hier auf diesem Planeten inkarniert hast. Du wolltest dafür Sorge tragen, dass sich hier eine schönere Welt manifestiert, in der alle Lebewesen in ihrer Vielfalt, in dem für sie richtigen Habitat, leben und sich entwickeln können.

All deine Kräfte wolltest du dafür einsetzen, damit endlich die Schinderei der Tiere und auch das unnütze Manipulieren der Pflanzenwelt aufhören. Es schadet der Menschheit mehr, als du es dir in deinen kühnsten Träumen vorstellen kannst.

Das ist die Aufgabe derer, die hier auf Erden weilen, um hier zu helfen. Auch du sollst dazu beitragen. Dazu benötigst du Unterstützung, die damit beginnt, dass du dich verändern willst, weil du es dir selbst von ganzem Herzen wünschst.

Deine Herzenskraft muss sich verändern, so dass die Liebe zum Fließen kommt. Sie hebt nicht nur dich an, sondern auch Alles Sein.

Deine Arbeit wird sich in den dafür vorgesehenen Bahnen bewegen. Dein Göttlicher Aspekt drückt sich in deinem gesamten Denken und Handeln aus.

Du hast erkannt, dass sich als Erstes die Gedanken verändern müssen. Dann können die Taten folgen. Die Gedankenkraft ist die stärkste Kraft, und die Reinheit der Gedanken bestimmen das Leben hier auf Erden, und nicht nur das: Die Gedanken gehen weit darüber hinaus und strahlen ins gesamte Universum.

Alles Sein ist davon betroffen. Dieses ist der Grund, warum du zuerst die Einstellung verändern musst, zu der sich dann parallel die Gedanken verändern werden. Du musst deinen Blick auf das Schöne und Vollkommene richten, damit sich auch hier auf diesem Planeten die Attribute eines vollkommenen Lebens manifestieren können. Solange dein Blick trübe bleibt und nur auf Unrecht und Negativem haftet, produzierst du das Gleiche. Nur durch die Veränderung deiner Vorstellungskraft ändert sich alles. Sie muss sich auf die schönen Dinge des Lebens konzentrieren, die dir, wenn du aufnahmefähig bist, auch die Natur bietet.

Sie ist der Meister und zeigt dir gerne die Schönheiten, die sich hier auf Erden befinden. Sie kann dir geben, was du benötigst, um deine Gedanken verändern zu können.

So wisse, du wirst gebraucht! Du bist es, der hier seinen Dienst erfüllen soll. Deine Kräfte werden gebraucht, um mit allen vereint, die hier auf Erden dienen, ein Paradies zu kreieren – ein Paradies, in dem es ein Leben in vollkommener Harmonie gibt, wo alle Geschöpfe nicht nur miteinander harmonisch leben, sondern auch gemeinsam wirken.

Alle bemühen sich darum, dem Nächsten bei dem Prozess der Verwandlung, der Vervollkommnung, beizustehen, ihn nach besten Kräften zu unterstützen, ihn zu verstehen und mit seinem Seinsaspekt anzunehmen, weil sie wissen, dass sich Gott in dieser Form ebenso ausdrückt.

Genau so, wie durch all das, was Er schuf, egal ob klein oder groß. Alles Das Was Ist drückt Ihn aus! Es ist Seine Liebe, Seine Schöpfungskraft, die auch dich vorantreibt, damit du dir ein schönes harmonisches Leben hier auf Erden kreieren kannst.

Ich Bin die Kraft des All-Einen!
Ich Bin die Liebe!
Ich Bin das Vertrauen!
Meine Liebe ist in mir so stark entwickelt,
dass das Verständnis für Alles Sein
sich in meinen Gedanken
und meinen Manifestationen sichtbar ausdrückt.
Mein Wille ist es,
die Liebe in den Herzen Aller zu entzünden,
damit sich die Liebe und das Licht
über Alles Leben in dieser Welt ergießt
und die Erde bei ihrer Veränderung unterstützt.
Ich Bin! Ich Bin! Ich Bin!

Ich Bin die Wesenheit,
die sichtbar in diesem Sein agiert und die will,
dass sich die All-Liebe in der gesamten Welt
in Allem Sein manifestiert,
damit sich in allen Wesen die Göttlichen Kräfte,
der Glaube und die Herzensgüte ausbreiten.
Gottes Liebe ergießt sich in mein Herz,
dehnt sich aus
und entfacht in mir das Verständnis für Alles Sein,
so dass ich meine Aufgabe in Vollkommenheit ausführen kann.
Ich Bin! Ich Bin! Ich Bin!

10. KAPITEL

Der Reine Geist Gottes ist es,
der Allen den Weg weist und hilft,
die Hindernisse zu überwinden

Dem Großteil der Menschheit ist nicht klar, was es bedeutet, wenn die hohe Geistigkeit in einem erweckt werden soll. Wozu sollte es dienen? Braucht der Mensch sie wirklich, um seinen Weg hier gehen zu können? Ja, dem ist so!

Die Menschheit hat sich in der vergangenen Zeit oft gefragt: Gibt es ein Leben nach dem Tod? Oder die Reinkarnation? Es gibt beides, denn das eine wäre ohne das andere sinnlos. Der Mensch, und nicht nur er, sondern auch die zahllosen anderen Lebewesen, leben ewig. Es gibt für sie keinen wahren Tod. Es ist ein Übergang in einen feinstofflichen Bereich.

Auch die Energie des Körpers kehrt, nachdem er sich aufgelöst hat, in diese Bereiche zurück, um sich von dort aus, eines Tages, neu zu bilden. Alles Leben ist der Metamorphose unterstellt. Das sind die Zyklen der Transformation, die ein jedes Wesen, welches auf Erden lebt, durchläuft, bewusst oder unbewusst. Niemand und nichts kann es ändern!

In der Zeit des Erdenlebens besitzt der Mensch einen Körper, damit er sich hier in dieser grobstofflichen Welt auch bewegen kann. Die Materie kann von einer Geistigen Wesenheit nicht bewegt werden. Sie benötigt ein Gefährt, welches ihr erlaubt, hier auf Erden ihren Dienst ausführen zu können.

Die Geistige Welt ist der Bereich, woher diese Wesenheiten stammen, die einen Körper beseelen. Dahin kehren sie auch zurück, wenn ihr Körper ausgedient hat oder ihre Zeit erfüllt ist. In diesem Bereich leben und wachsen sie, wie auch im Erdendasein.

Es gibt da jedoch einen Unterschied. Auf der Erde hat eine jede Wesenheit, in einer kurzen Zeitspanne, ganz intensive Lernmöglichkeiten. Hier gibt es in der Zeit des Aufenthalts ein reichhaltiges Angebot an Lebenssituationen, die in den feinstofflichen Bereichen nicht möglich wären.

Das physische Leben bietet ihnen die Möglichkeit, viele nötige Erfahrungen zu sammeln. Jedes Wesen braucht die Lernmöglichkeiten für den Aufstieg auf noch höhere, feinstoffliche Ebenen als jene, in denen es lebt. Es gibt Erfahrungen, die nur in einem Leben in der Dualität möglich sind. Das ist der Anlass, um sich hier zu inkarnieren.

Auf den höheren Ebenen gibt es keine Dualität, keine Trennung. Ein Seinsaspekt ist dort ein Ganzes, geprägt von allen Aspekten und Tendenzen. Es gibt kein Gut und Böse, kein Hell oder Dunkel, das klar die Trennung ausdrückt. Diese Aspekte bilden eine Gesamtheit, und sie sind eine Einheit auf den höheren Ebenen. Nur durch die Trennung dieser Aspekte hier in der Dualität sind die Möglichkeiten groß und vielfältig, um die Erfahrungen in kurzen Zeiträumen machen zu können.

Dazu gehört noch, dass zu dieser Zeit die Auswirkungen der Trennung besonders intensiv sind, denn diejenigen, die diesen Trennungsaspekt unterstützen, sind in der Vielzahl hier auf Erden tätig. Das ist der Grund für das Chaos, welches auf Erden herrscht, das die Menschheit in Abhängigkeit bringt, sie behindert zu wachsen und den Nächsten zu heilen.

Auf Erden gibt es auch noch die Ströme der Geistigen Evolution. Sie gehören in den materiellen Bereich und ergeben zusammen ein Ganzes. Diese Ströme bestehen aus den Energien, die vom Universum aus auf unsere Erde kommen.

Ebenfalls sind hier Heilströme von großen Geistigen Wesenheiten, die für die Erde tätig sind, zugegen. Diese Energieströme geben der Erde und ihren Bewohnern die notwendige Lebensenergie. Sonst wäre ein Leben auf Erden unmöglich, denn die Erde allein könnte diese lebensnotwendigen Energien nicht selbst aufbauen.

Alle Planeten und Galaxien mit ihren Sonnen und Zentralsonnen helfen ihr dabei. So ist es auch verständlich, dass das gesamte Universum davon profitiert, wenn der Aufstieg der Erde erreicht ist.

Dieser Prozess benötigt die reinsten Energien. Die energetische Verschmutzung überbietet hier auf Erden alles, was denkbar ist. Daher ist es vonnöten, der Menschheit die für sie richtigen, reinen Informationen zu geben.

Diese können ihr nur helfen, wenn sie ihr vom reinen Geist gegeben werden. Es gibt sehr viele Informationsträger in dieser Zeit. Die weltlichen wollen wir da gleich herauslassen. Wie ist es jedoch um die geistigen bestellt?

Es gibt sehr große und wesentliche Unterschiede, die ein Laie kaum erkennen kann. Grundsätzlich ist eine Information, die von irgendeiner feinstofflichen Ebene kommt, nicht immer korrekt. Sehr oft sogar kommt sie aus den niedrigsten Bereichen. Sie ist von Schlauheit geprägt und besitzt keinen großen Wert für den, der diese Information erhält. Maximal gesehen, fördert sie das Ego und betrifft das materielle Leben.

Sie kreiert Verworrenheit und Krankheit. Diese Geistigen Wesen unterstützen die Negativen dieser Welt. Sie verhindern damit den eigenen Prozess der Vervollkommnung und auch den der Erde.

Diese Wesenheiten haben eines gemeinsam: Sie leben und wirken Gott fern!

Sie haben die katastrophalen Verhältnisse hier auf Erden geschaffen, um somit Hindernisse für die Aufwärtsstrebenden zu kreieren und um die eigene Anhängerschar zu vergrößern. Sie können keine Liebe empfinden, für nichts und niemanden.

Sie sind diejenigen, die sich darauf berufen, das Heil der finanziellen Weltsituation zu sein. Durch Kriege, Manipulationen und diktatorische Maßnahmen unterjochen sie die Menschheit. Sie säen Ängste in ihre Herzen, und um dem Ganzen noch die Krone aufzusetzen, gaukeln sie allen ein einmaliges Erdenleben vor.

Sie rauben ihnen den Trost vom ewigen Leben und der Wiedergeburt. Das wiederum ist das Ergebnis des unlauteren Verhaltens eines Großteils der Menschheit. Sie wissen nicht, dass es für ihre Taten keine Entschuldigung gibt.

Alles muss sich ausgleichen können. Wer Negatives sät, wird Negatives ernten. Damit jedoch nicht genug. Es müssen alle Handlungen wieder in Positives verwandelt werden. Dazu benötigt es vielleicht Hunderte von Inkarnationen, bis der Ausgleich geschaffen worden ist.

Ist sich die Menschheit erst einmal dessen voll bewusst, dass sie für alles die Verantwortung trägt, wird sich das in ihrer Lebensweise ausdrücken können. Mit Sicherheit wird ein Großteil aufmerksamer seine Gedanken und sein Handeln beobachten, um dem gerechten Ausgleich aus dem Wege zu gehen.

Die Verantwortung trägt jeder selbst, ob er sich dessen bewusst ist oder nicht. Niemand anders, nur er selbst, ist für das Ausmaß seines Handelns verantwortlich. Darin liegt viel Sinn!

Diejenigen, die sich ganz dem Ziel widmen, hier ihre Aufgabe zu erfüllen, benötigen intensive Unterstützung von ihren Geistigen Helfern. Ob sie jedoch vom Reinen Geist Informationen erhalten, hängt von ihrer persönlichen Struktur ab.

Je reiner der geistige Aspekt im Menschen ausgeprägt ist, umso reiner der Empfang und umso höher die Sphären, aus der die Informationen stammen.

Jene, die noch im Ego verhaftet sind, können keinen reinen Empfang haben, denn die Struktur ihrer Physis ist nicht fein genug und entspricht nicht der Voraussetzung, die die hohen geistigen Sphären erlaubt. Dadurch erhalten sie ihre Informationen aus der Sphäre, die der Erde am nächsten steht. Ihr fehlt jedoch der Reinheitsgrad des hohen Bewusstseins.

Wie gut und genau eine Information ist, liegt an ihrer Wertigkeit. Sie sollte aufbauend und richtungweisend sein und dir im Lebensalltag dienen. Sie ist am Aufbau deiner physischen Energie tätig, damit deine Gesundheit sich stabilisieren kann.

Du erhältst den Schutz, den du für diese Geistige Arbeit benötigst, wirst von der Geistigen Welt unterrichtet und bekommst die seelische Unterstützung, die du für dich und deinen Weg benötigst.

Dein Leben verläuft ausgewogen, und in dir selbst herrscht Ruhe und Zufriedenheit. Du bist voll Herzensliebe für Alles Sein und hast in dir die Merkmale der Göttlichkeit zum Ausdruck gebracht. Sie spiegelt sich im Außen durch diejenigen, die deine Anwesenheit suchen, um zu gesunden oder von dir beraten werden zu wollen, wider.

Dein Reinheitsgrad erlaubt es nun, mit der Geistigen Welt Hand in Hand zu gehen und deinen Dienst hier auf Erden zu absolvieren. Die hohen Geistigen Wesen geben dir alle Informationen, die dich zu einem reinen Werkzeug machen; das immer erreichbar ist und die Mitteilungen der Menschheit zugänglich macht, damit auch sie sich verwandeln kann.

Die Voraussetzungen für ein Göttliches Instrument sind erfüllt worden, weil der Reinheitsgrad in Vollkommenheit entwickelt ist und somit den Empfang des Reinen Geistes garantieren kann.

Ich Bin das Werkzeug des All-Einen,
das im Hier und Jetzt tätig ist,
das der Welt die Einheit bringt
und das **Ich Bin** in die Herzen derer sät,
die eine Neue Welt erschaffen,
die der Ausdruck von der Göttlichen Seinsebene ist,
von der ich komme.
Ich Bin! Ich Bin! Ich Bin!

Ich Bin ein Werkzeug der Freude!
Ich Bin die Wesenheit,
die Liebe und Harmonie in die Herzen derer trägt,
die jetzt zu dieser Zeit hier am Aufbau der Erde tätig sind,
die Gotteskraft in ihnen stärkt,
damit das Vertrauen wächst
und sich in ihrem Lebenszyklus
die Vollkommenheit manifestiert.
Ich Bin! Ich Bin! Ich Bin!

11. KAPITEL

Du hast gelernt, hast gearbeitet, hast geweint und gelacht. Hast du aber jemals daran gedacht, dass diejenigen, die an deiner Seite sind, das Gleiche mit dir zusammen erleben?

Das Leben auf Erden beginnt mit dem ersten Schrei, den der Mensch tut. Das Wesen hat den Mutterleib verlassen und kommt in eine Welt, die angefüllt ist mit Mängeln und Trübsal.

Mängel aller Art sind vorhanden: die Verhaltensmuster und die negativen Charaktereigenschaften wie Habgier, Neid und Geltungssucht. Daraus entstehen negative Gedanken, die Trübsal, Disharmonie und Depressionen verursachen.

Für ein Wesen, das hier in das Erdendasein eintritt, ist dieses ein Schock. Es fühlt diese Energien besonders stark, weil es noch mit dem Geistigen verbunden ist. Es ist noch in der Sphäre eingeklinkt, aus der es kommt. Die Geistige Welt nimmt es vollkommen wahr, denn von ihr ist es noch eine Zeit lang abhängig.

Natürlich benötigt ein neugeborener Mensch die Liebe und die Fürsorge der Mutter oder beider Eltern. Der wesentlichere Teil jedoch spielt sich auf der feinstofflichen Ebene ab. Die Wesenheit benötigt, außer Essen, Trinken und Sauberhalten, den Beistand ihrer Geistigen Geschwister. Es braucht sie dringend für die Betreuung im Lebensalltag.

Die Anforderungen an so ein Wesen sind sehr groß, weil es sich an ein aus Mängeln bestehendes Umfeld gewöhnen muss. Das ist hart und schmerzt ein solches Wesen besonders stark, kommt es doch aus einer Ebene, wo Liebe, Harmonie und Vollkommenheit regieren. Hier, in dieser Erdenwelt, gibt es dies nicht.

Die Kälte trifft ein neugeborenes Wesen mit erheblicher Wucht, die härter als das stärkste Geschoss ist.

Die Geistigen Helfer an der Seite des Neugeborenen haben alle Hände voll zu tun, denn es verlangt viel Aufmerksamkeit von Ihnen, damit das Leben des Neuankömmlings so störungsfrei wie nur möglich verläuft. Die geistige Ebene ist für das Neugeborene sichtbarer und realer als die weltliche.

Noch sind seine Sinne auf das Feinstoffliche ausgerichtet. Doch mit der Zeit verdichtet sich das Fenster zum Geistigen hin mehr und mehr. Dadurch entwickeln sich langsam die Fähigkeiten der physischen Sinne. Es lernt, sie zu nutzen, und empfängt die geistigen Botschaften, die sich langsam steigern, in seinem Herzen.

Die Lebensenergie kommt jetzt vermehrt aus den dichteren materiellen Bereichen und die eigene Energie passt sich dieser Schwingung an. Die Geistigen Helfer jedoch sind in dieser Zeit der Anpassungsperiode vollkommen damit beschäftigt, das physische Leben zu stabilisieren, weil der Körper in den ersten Lebensjahren nur locker mit dem Geistigen Wesen verknüpft ist. Am Anfang ist es mehr in der Geistigen als in der materiellen Welt zugegen, denn es benötigt sehr viel Lebensenergie und Lebenshilfe, die ihm dort gegeben werden.

Der Eingliederungsprozess ist der schwierigste Teil für eine Wesenheit, die auf der Erde inkarniert. Ohne die Geistigen Helfer kann es ihn nicht abwickeln. Noch ist in ihm die Erinnerung an das Geistige Leben vorhanden und der Schock der Geburt noch nicht überwunden. Sind die ersten Lebensmonate vorbei, beginnt man auf der fein-stofflichen Seite mit der Schulung. Sie ist besonders wichtig, weil der neue Erdenbürger mit vielen Situationen, die ihn im Lebensall-tag belasten, fertig werden muss.

Die Lebensschulung ist hart für eine solche Wesenheit. Beson-ders die fehlenden Liebesenergien hier auf der Erde erschweren die Anpassung. Die Geistigen Wesen, die mit ihr zusammen den Pro-zess des Erdenlebens durchmachen, wissen von der Problematik der ersten Lebensmonate. Sie erleben, zusammen mit der Wesenheit, ganz intensiv das Trauma der Anpassung.

Die Geistigen Helfer sind an der Seite aller Wesen, die ein Leben auf der materiellen Ebene leben. Oft waren auch sie schon auf der Erde und konnten die Erfahrung selbst machen. Sie kennen sich aber genauso gut aus in der Materie, auch wenn sie immer nur die Begleiter waren.

Ihre Erfahrung ist an die Erfahrung desjenigen gekoppelt, den sie beschützen und begleiten. Sie alle, die zur Begleitung gehören, wirken gleich stark und intensiv. Ihre persönlichen Erfahrungen sind sehr tiefgreifend, weil sie zusammen mit dem Menschen die Arbeit verrichten. Sie wirken, sozusagen, wie ein Körper und gehen mit ihm durch alle Höhen und Tiefen des Lebens.

Vollkommen allein gelassen ist der Mensch nicht lebensfähig. Nur gemeinsam mit den Geistigen Helfern kann er das Erdenle-ben vollziehen. Die anderen Helfer, die dir zugeteilt sind, haben die Funktionen des Schutzes, des Lehrens und des Heilens. Damit erklärt es sich von selbst, was sie täglich mit uns tun.

Mit dem Heranwachsen verliert das Kind immer mehr den Kon-takt zu der höheren Ebene. Es soll sich ganz auf das Leben hier auf der Erde konzentrieren. Die Erinnerungen verblassen. Eines Tages schließt sich das Fenster komplett. Es hat jetzt nur noch im Tages-bewusstsein die Möglichkeit, die Führung über die Herzenssprache wahrzunehmen, oder des Nachts, wenn der Körper schläft und es sich auf der höheren Ebene befindet.

Schläft der Körper, befindet sich das Wesen zeitweise außerhalb. Ein Großteil von den Wesenheiten wird von seinen Geistigen Lehrern unterrichtet.

Allen Körpern jedoch fließen Heilenergien zu, die ihn gesunden lassen oder ausgleichend wirken. Die Wesenheit erfährt all das, was wichtig und von Bedeutung ist für ihren Weg, damit sie ihre Arbeit vollziehen kann. Das Tagesbewusstsein verschließt wieder, was sie erfahren hat, aber es bleibt im Unterbewusstsein gespeichert. Nur so ist sie in der Lage, die für sie richtigen Entscheidungen zu treffen.

Ist eine Wesenheit sehr mit dem Irdenen verhaftet, löst sie sich beim Schlafen nicht weit genug von ihrem Körper. Die Geistige Welt hat somit nur begrenzte Möglichkeiten, ihr die notwendigen Informationen zufließen zu lassen. Auch der Körper kann sich dadurch weniger regenerieren, denn es gibt nicht genügend Abstand, eine Regeneration zu ermöglichen.

Die Wesenheiten verhärten sich mit der Zeit immer mehr und sind in der Materie stark verhaftet, egoistisch und gefühllos. Sie sind nicht in der Lage, ihr Lebensziel zu erreichen. Ihnen fehlt der Zugang zu der Geistigen Ebene. Aber das gemeinsame Wirken mit der Geistigen Welt ermöglicht ihn.

Nur wenn die Geistigen Helfer und die Menschen miteinander arbeiten, ist die Voraussetzung, ein erfolgreicher Abschluss einer Lebensperiode, gewährleistet. Das menschliche Wesen ist unvollkommen ausgerüstet, wenn es sich vom Geistigen trennt, und kann deswegen auch nur Unvollkommenes erschaffen. Der Lebensalltag zeigt es.

Diejenigen, die ihren Weg im Einklang mit der Geistigen Welt gehen, schließen ihren Lebenszyklus mit Erfolg ab und schauen zufrieden auf die Lebensjahre, die sie gelebt haben. In ihnen schwingt die Gewissheit, ein erfülltes Erdendasein genossen zu haben. Das ist der richtige Weg!

Gemeinsam mit deinen Göttlichen Helfern gehst du ihn. Sie sind mit dir verbunden, erleben zusammen mit dir alles, was du lebst; erleben deinen Schmerz, die Trauer, die Freude und auch die Liebe mit dir gemeinsam.

Sie wissen, was du fühlst und denkst. Sie wissen jedoch auch von deiner Aufgabe, die nur in deinem Unterbewusstsein sichtbar ist. Sie lenken und kreieren für dich die Gelegenheiten, erschaffen für dich die Umstände, an denen du wächst. Sie sind immer für dich erreichbar!

Horchst du auf die Stimme, die sich in deinem Herzen befindet, gehst du immer den richtigen Weg. Darum erlebst du in diesem Sein die Erfüllung eines reichen ausgefüllten Lebens. Du gehst mit ihnen zusammen Hand in Hand, erhältst alles, was du benötigst, und schaffst es, mühelos dein Ziel zu erreichen. Alles, was du erlebst, erlebst du mit ihnen gemeinsam. Ihr seid ein Team, eine Einheit, die sich im Göttlichen Einklang befindet, die ein vollkommenes Leben manifestieren kann, weil es mit Herzensliebe und dem Verständnis und der Güte gefüllt ist, die der Ausdruck von Gottes All-Liebe ist.

Dem Erschaffen sind keine Grenzen gesetzt. Nur du selbst bist es, der sich begrenzt, weil dir das Vertrauen abhanden gekommen ist und weil dir diese Informationen fehlen.

Du bist ein Teil vom Ganzen, bist derjenige, der hier auf Erden lebt und tätig ist. Du bist der sichtbare Teil eines Ganzen, eines Teams. Um hier zu leben und um hier auf Erden zu wirken, benötigt man das komplette Team.

Die Geistigen Helfer und du, ihr seid ein Werkzeug, eine Einheit, die sich vorgenommen hat, den Auftrag zu erfüllen, der mit der Kraft des All-Einen ausgestattet ist.

Ich Bin der Weg, der in diesem Sein begangen werden will,
damit sich Gott in dieser Zeit
in Seiner Herrlichkeit und Vollkommenheit ausdrückt
und Sein Licht sich über Allem ergießt.
Ich Bin die Kraft,
die allen, die hier zu dieser Zeit tätig sind, hilft,
sich in der Reinheit zu entwickeln,
die man benötigt,
selbst ein Wegweiser zu werden.
Ich Bin! Ich Bin! Ich Bin!

Ich Bin ein Teil von Gottes Einheit.
Ich Bin die Kraft, die im Hier und Jetzt wirkt
und die zusammen mit der Geistigen Welt
ihre Aufgabe erfüllt,
gemeinsam den Wesen,
die Hilfe und Heilung benötigen, beizustehen,
damit sie ihren Lebensausdruck
in vollkommenem Einklang mit Allem Sein leben können.
Ich Bin! Ich Bin! Ich Bin!

12. KAPITEL

Die Hohe Geistige Welt ist es,
die der Menschheit hilft, sich zu entfalten
und die Meisterschaft zu erringen

Die Himmlische Welt ist hierarchisch geordnet. Die Sphären sind es ebenfalls. Die Sphäre, die der Erde am nächsten ist, ist die zweitdichteste der höheren Sphären. Sie ist von Wesenheiten bevölkert, die sich aus Gedankenkräften zusammensetzen, die von dunklen Kräften oder negativen Gedanken erschaffen wurden.

Die Erde ist zur Zeit in einer Übergangsphase. Sie geht von der dritten in die fünfte Ebene. Dieser Übergang erfolgt stufenlos. Der Aufenthalt in der vierten ist recht kurz und gleitet, ohne dass man es wahrnimmt, auf die fünfte Ebene.

In der Übergangsphase werden sehr viele Helfer benötigt. Dazu gehören die Wesen, die hier auf der Erde sind, und die vielen Geistigen Helfer aus allen höheren Dimensionen.

Es sind viele Wesenheiten als Menschen hier inkarniert, die aus einer höheren Dimension kommen. Sie sind es, die hier auf Erden mithelfen, und zwar überall dort, wo es vonnöten ist. Sie sind die Heiler, sie sind die Wortführer, und sie sind die Instrumente, die der hohen Geistigen Welt dienen.

Welchen Beruf sie im Erdenleben innehaben, ist uninteressant. Es kommt nur darauf an, woher sie kommen. Je höher die Dimension ist, umso bessere Voraussetzungen bieten sie. Diese Wesenheiten haben sich schon vor langer, langer Zeit dafür entschieden, an dem Aufstieg der Erde und ihrer Bewohner mitzuwirken. Sie sind ein Teil des Prozesses. Ohne ihr Mitwirken wäre der Aufstieg nicht möglich.

Es gibt aber auch noch den Teil der Wesen, die sich, durch ständige Inkarnationen auf Erden, höher entwickelt haben. Auch von ihnen sind in den letzten Jahrhunderten einige so weit aufgestiegen, dass sie ihren Körper vom Tode befreit haben.

Sie haben sich und ihn transformiert. Man nennt sie »Aufgestiegene Meister«. Ein Großteil von ihnen ist noch immer hier auf der Erde tätig. Sie helfen der Menschheit zu erwachen.

In dieser Zeit gibt es viele Wesenheiten, die ebenfalls dieses Ziel erreichen werden. Sie sind es, die an der energetischen Transformation der Erde einen wesentlichen Anteil haben. Ihre Kräfte erlauben es ihnen energetisch, besonders intensiv zu arbeiten.

Eingebunden in diesen Prozess sind natürlich auch ihre transformatorischen Arbeiten an sich selbst. Sie benötigen dafür täglich viel Energie, die ihnen in den Momenten der Meditation zufließt. Ihr Kraftfeld ist beeindruckend. Es hebt und transformiert niedrig schwingende Energie, nicht nur die in ihrem Umfeld, sondern auch darüber hinaus.

Sie gehen Hand in Hand mit der Helferschar, die sich bei ihnen betätigt und die ihnen auch bei allen anfallenden Aufgaben hilft. Ihr eigener Aufstieg wirkt stützend für die Menschheit. Das wirkt sich positiv bei ihnen aus. Sie helfen den Menschen, die ebenfalls ihre Veränderung beschleunigen möchten und die ihre Kräfte steigern müssen, damit sich ihr Körper, mit ihnen vereint, erhöhen kann.

Dies erfordert, das vollkommene Vertrauen in sich selbst zu entwickeln. Sie müssen sich ihrer Göttlichen Kräfte nicht nur bewusst sein, sondern müssen sie auch benutzen können, um Meister der Materie zu werden. Erst danach können sie aufsteigen.

Das Göttliche in ihnen ist zur Vollkommenheit erweckt worden. Der Christus, der das Vollkommene Sein ausdrückt, hat sich in ihnen manifestiert. Sie können sich dadurch auf beiden Ebenen bewegen, der physischen wie auch der Geistigen. Das erleichtert ihnen die Arbeit sehr.

Nun können sie alles von einem hohen Standpunkt aus überblicken. Sie überschauen den Verlauf der vergangenen Inkarnationen und wissen von der Aufgabe oder dem Lebensausdruck eines jeden Wesens. Dieses Wissen nutzen sie. So unterstützen sie mit Erfolg die Wesenheiten, die hier auf der Welt ihre Arbeit tun.

Die Geistige Welt ist der Ort, wo ihnen alle zur Verfügung stehenden Mittel gegeben werden, damit sie diese zur Bewältigung ihrer Aufgabe einsetzen können. Die Zusammenarbeit und die Möglichkeit der direkten Kommunikation mit den höheren Geistigen Sphären setzt die Meisterschaft voraus. Sonst ist nur die Kommunikation durch ein Werkzeug, Medium genannt, möglich.

Die hohen Geistigen Sphären schwingen in einem hohen Reinheitsgrad. Alles, was uns die Wesen von diesen Sphären vermitteln, ist von Reinheit durchdrungen. Sie helfen durch jene, die schon Meister sind oder die kurz davor sind, die Meisterschaft zu machen. Es ist ihnen deshalb möglich, ganz gezielt arbeiten zu können, weil ihre Informationen ganz rein durch sie zum Ausdruck kommen. Niemand, der noch niedrige Gedanken produziert, wird die Meisterschaft erringen können.

Alles, und erst recht die Gedanken, müssen edel und vom reinen Göttlichen Geist durchdrungen sein. Differenzen sind damit ausgeschlossen. Die Menschheit erhält somit durch sie die besten und reinsten Informationen für ihren Werdegang und den Prozess des Aufstiegs.

Ihre Zusammenarbeit ermöglicht es, dass sich die Geistigen Gesetze in ihrer schönsten und reinsten Form hier auf Erden und in dieser Zeit manifestieren können. Sie beschleunigt nicht nur die Veränderung, sondern hilft auch, die vielen Wesen ins Gleichgewicht zu bringen, das Vertrauen in ihnen zu stärken und ihnen damit eine neue bessere Lebensphilosophie zu geben.

Sind erst einmal bei einem Großteil der Erdenbewohner diese Eigenschaften ausgebildet, ist es für alle einfacher, dem Negativen Einhalt zu gebieten. Ihre Kräfte schwächen sich umso mehr, je weniger Resonanz es gibt. Noch besser wäre es allerdings, wenn all ihr Tun auf Unverständnis träfe. Wenn in ihnen der Glaube stark wäre und sich die Liebesenergie bereits in den Herzen entwickelt hätte, dann könnten in keinem Wesen Angst, Gier und Neid entfacht werden.

Solange jedoch Menschen auf dieser Erde weilen, die ihre Leidenschaften nicht unter Kontrolle haben, ein zügelloses Leben führen und von niedrigen Wünschen gelenkt werden, ist es den dunklen Mächten weiterhin möglich, hier zu verharren. Sie können ihren Lebensraum nur so lange aufrecht erhalten, wie es Menschen gibt, die sie durch ihre niedrigen Wünsche weiterhin unterstützen.

Die hohe Geistige Welt weiß, dass ein Großteil der Menschheit dieses nicht ahnt, nichts von diesen üblen Machenschaften weiß und annimmt, dass sie, wenn sie passiv bleibt, geschützt ist. Die Menschen können sich nicht vorstellen, dass gerade sie es sind, die diesen Kräften Raum schaffen für immer neue Angriffe. Je mehr Ängste gesät werden, umso anfälliger sind sie und können leicht zum negativen Werkzeug umfunktioniert werden.
Zu den Ängsten gehören Hunger, Arbeitsmangel und die daraus entstehende Geldknappheit. Das sind die Faktoren, mit denen die dunklen Mächte versuchen, die Menschheit in Unsicherheit zu stürzen. Mehr und mehr wird in ihnen die Angst des Mangels ge-

schürt, damit sie, von ihren Ängsten getrieben, zu einem willigen Werkzeug werden.

Nur wer den Blick auf hohe Geistige Ziele richtet und im Vertrauen lebt, kann sich davor schützen. Dein Ziel sollte es immer sein, dich auf deine eigenen inneren Werte zu besinnen. Dein eigener Wunsch sollte es sein, dich vervollkommnen zu wollen und deine Sinne auf höhere erhabene Geistige Werte auszurichten.

Um ein reines Werkzeug zu werden, muss alles niedrige Denken und Trachten transformiert werden. Du musst deine Geistigen Helfer darum bitten, den Kontakt zur hohen Geistigen Welt herzustellen. Deine Bitte sollte frei sein von Wünschen, die nur dein Ego stärken. Dagegen solltest du dir von Herzen wünschen, die Herzensliebe, das Verständnis und die Güte in dir entwickeln zu können.

Deine Kräfte sollten wachsen. Damit sind nicht nur die physischen, sondern insbesondere die Geistigen gemeint. Dein Erdenleben sollte von dem Wunsch erfüllt sein, hier all das zu tun, was vonnöten ist, damit sich die hohen Ideale eines schönen, harmonischen, mit Liebe gefüllten Lebens manifestieren können. Sie sollen dem Ausdruck verleihen, was man Vollkommenheit nennt, der Göttlichkeit in dir Raum geben und für die All-Liebe die Voraussetzung schaffen, damit sie dich durchfluten kann, und zwar mit all ihren Eigenschaften.

Du bist es, der bestimmt, ob die hohe Geistige Welt in deinem Leben agieren soll. Du hast die Wahl und kannst dieses Leben zu einem Erlebnis, einer Bereicherung deiner Erfahrungen im Angesicht Gottes und der hohen Geistigen Welt machen – genau so, wie es sein sollte!

Ich Bin es, die / der will,
dass sich Gott jetzt in meinem ganzen Sein ausdrückt
und dass die Kraft sich in mir verstärkt,
damit sich der Reine Schöpfergeist
in all meinen Aktionen ausdrückt.
Ich Bin Licht vom Reinen Geist
und manifestiere es überall dort,
wo es benötigt wird.
Ich Bin die Reinheit des Geistes,
die Gott in Seiner Herrlichkeit hier in diesem Sein manifestiert.
Ich Bin! Ich Bin! Ich Bin!

Ich Bin das Werkzeug Gottes,
das sich wünscht, die Reinheit, die Liebe
und das Verständnis in Allen zu wecken.
Die Herzenskraft manifestiert sich
dadurch in meinem täglichen Sein
und hilft mir, meine Aufgabe zu erfüllen,
die Gotteskraft in mir zu stärken,
damit sich durch mich
der Göttliche Plan in Zusammenarbeit mit der Geistigen Welt,
materialisieren kann.
Ich Bin! Ich Bin! Ich Bin!

13. KAPITEL

Das Gute im Menschen manifestiert sich durch die Herzenskraft und den Wunsch, das Göttliche Sein ausdrücken zu wollen

Wir sind alle Schöpfer und sind die Kreatoren unseres Lebens, unserer Gegebenheiten! Wir selbst tragen die Verantwortung für all das, was in unserem Leben geschieht.

Du trägst die Verantwortung für all deine Gedanken, und du bestimmst darüber, wie dein Lebensalltag sich gestalten soll. Es gibt niemanden, den du dafür verantwortlich machen kannst. Dein Denken bestimmt dein Handeln. Der Reinheitsgrad und die Gedankenkraft sind die Auslöser der guten Taten. Sie sind sichtbar, und zwar für jedermann.

So kann man an deinem Lebenswerk ganz klar erkennen, welcher Art deine Gedanken sind. Sie kreieren dein Leben.

Ist es da verwunderlich, wenn ein Menschenwesen, das Gedanken auf Reines und Vollkommenes lenkt und alles Negative, das sich versucht dort einzuschleichen, sofort aus seinem Gedankenkomplex entfernt, ein Leben voller Liebe und Harmonie lebt?

Es ist genau zu erkennen, denn so klar drücken sich die Gedankenkräfte aus und manifestieren sich.

Jeder Mensch hat die Verantwortung für seine eigenen Manifestationen. So wie ein Maler sein Bild gestaltet, genauso gestaltet man sich das gesamte Leben. Negative Gedanken schaffen Negatives.

Auch dann, wenn es im ersten Augenblick im Außen positiv erscheint, so kommt doch in kurzer Zeit der wahre Aspekt zum Vorschein. Negative Gedanken können nur Negatives kreieren, und nichts und niemand kann dieses Gesetz umgehen.

Sollten sie auch noch so schön verpackt sein, das Gesetz der Resonanz ist immer aktiv. Also sind nur reine Gedanken die Träger des Göttlichen Prinzips.

In dieser Zeit kümmert man sich allgemein wenig um die Gedanken, die einem den gesamten Tag, vom Aufwachen bis zum Schlafengehen, im Kopf herumkreisen. Bei dem einen sind es Gedanken des Grolls, des Haderns und des Zorns, bei dem anderen sind es Ängste, Neid und Habgier. Das sind alles Gedanken, die Krankes und nur Unvollkommenes erschaffen können. Aus diesen Gedanken kann nichts Gutes entstehen, nichts, was der Allgemeinheit zugute kommen könnte. Auch wenn es den Anschein einer guten Tat hätte, kämen doch mit der Zeit die wahren Gedanken zum Vorschein und damit auch die Motivation des Schöpfers.

Auf der Geistigen Ebene kann man sofort erkennen, welche Kräfte mit im Spiel sind. Jeder Gedanke manifestiert sich nämlich zuerst in der Geistigen Welt. Danach erst kann er sich in der Materie manifestieren. Ein Haus zum Beispiel hat man zuerst in Gedanken erschaffen. Der zweite Schritt ist nun, dieses Haus auch in der Realität zu bauen. Es geht nicht umgekehrt.

Zuerst ist der Gedanke da, der Form annimmt, und danach erst wird er sich hier auf Erden manifestieren können. Die Gedanken sind für all das, was zur Zeit hier auf Erden geschieht, verantwortlich – und damit sind alle Gedanken gemeint, jene Gedanken die waren und die des Augenblicks. In jeder Sekunde kreieren Gedanken das Weltgeschehen, und jeder Mensch trägt dafür die Verantwortung.

Ist ein Mensch den ganzen Tag voller Bitterkeit, so ist doch ganz klar zu erkennen, wie seine Gedanken sind. Wer voller Bitterkeit an irgendetwas denkt, kann nur Lebensumstände schaffen, die diese Gedanken widerspiegeln, und das sind Neid, Zorn, Habgier. Auch dann, wenn solch eine Person eine »gute Tat« im Sinne hat, ist sie doch von den erstgenannten Eigenschaften gefärbt.

So ist es eindeutig, dass sich nur Gutes manifestieren lässt, wenn es durch gute Gedankenkräfte geschaffen wird.

Das Chaos in der Welt ist ein Ausdruck der chaotischen Gedankenwelt, die in jedermanns Kopf herrscht. Es ist eine große Konfusion in den Köpfen der Menschheit. Sie wird ganz bewusst gesteuert durch die vielen, irreführenden Informationen, die auch durch Funk und Fernsehen auf die Menschheit niederprasseln. Dies bewirkt natürlich auch, dass im Leben eines jeden Konfusion entsteht.

Wie viele Menschen sind mit der eigenen Familie zerstritten, betrügen sich gegenseitig und übervorteilen sogar denjenigen, der ihnen am nächsten steht! Das Üble daran ist, dass solche Gedanken nur unglücklich machen. Niemand kann sich letzten Endes an diesen Kreationen erfreuen. Selbst die Schadenfreude ist nur ein kurzes Glück, denn sofort danach folgt die Leere.

Soll sich die Welt verändern, muss jeder Einzelne sich zuerst verändern. Das beginnt mit der Kontrolle der eigenen Gedanken. Wenn man traurig ist, dann liegt es daran, dass man ständig an das denkt, was einen so traurig stimmt. Um es ändern zu können, muss der Blick auf etwas Erbauliches gerichtet werden. Dasselbe gilt für die Gedanken, die diesem Blick folgen.

Die Natur hilft einem gern dabei und unterstützt die Menschheit liebevoll, weil auch sie am Ende davon profitiert. Gerade die Natur ist das beste Heilmittel für negative Gedankenmuster. In den Phasen der Depression und Trauer kann sie am einfachsten das Gemüt besänftigen und die Gedanken entschärfen.

Ein Spaziergang lenkt ab; hinzu kommen die Blumen, die man am Wegesrand sieht, oder der Vogel, der ein fröhliches Lied zwitschert, und auch der Baum, der nicht nur Schatten spendet, sondern auch Kraft gibt.

Die Geistigen Helfer in der Natur erkennen sofort, wenn jemand Hilfe benötigt, und geben ihr Bestes, um der Wesenheit zu helfen. Ein Aufenthalt in der freien Natur lohnt sich immer, denn ihre Kräfte sind heilend und lindern Schmerzen.

Der wichtigste Faktor ist jedoch, dass sie die Gedanken von den negativen Mustern reinigen und sie durch harmonische ersetzen können. Die Augen werden gleichzeitig mit eingesetzt, denn über sie werden die Energiefelder mit der Farbharmonie, die in der Natur herrscht, harmonisiert und ausgeglichen. Ist es da nicht verwunderlich, dass sich so wenige Menschen in der Natur aufhalten?

Heutzutage bewegt man sich motorisiert vom Arbeitsplatz zur Wohnung und umgekehrt. Bewegung gibt es da kaum noch, und wenn, dann in den dazugehörenden Fitness-Studios. Die Quelle allen Heils kann nicht in Aktion treten. Ihre Heilkräfte haben keine Möglichkeit, zu ihnen vorzudringen.

Abgeschirmt von den heilenden Sonnenstrahlen und der farbenprächtigen Natur leben die Menschen so dahin und lassen sich von Werbespots und Slogans manipulieren, die sie nur gemütskrank machen und ihre Gedankenwelt in Aufruhr bringen.

Das ist die Realität eines Großteils der Menschheit. Sie lebt getrennt von ihrer Lebensquelle und wundert sich sowohl über die verrohenden Menschen als auch über die Verschmutzung der Natur. Jedes Wesen ist dafür verantwortlich, wie sein Umfeld geprägt ist. Es beginnt bei ihm, bei den persönlichen Gedanken, die es Tag für Tag hegt.

Soll das Gute in einem wachsen, muss es mit der Veränderung der Gedankenmuster beginnen. Ein jeder kann es tun. Es ist einfach zu vollziehen, indem man sich bewusst auf das Göttliche konzentriert.

Im Herzen eines jeden Menschen ist es verankert und kann jederzeit aktiviert werden. Eine ausgeglichene Wesenheit ist immer im Herzen mit dem Göttlichen Seinsaspekt in Kontakt und lässt sich von ihm lenken und leiten. Sie ist von der Herzensgüte durchdrungen.

Die Gedanken sind erhaben, weil sie mit dem Göttlichen Geist der Reinheit durchdrungen sind. Dieses sind die Kräfte, die sich positiv und konstruktiv auf Alles Das Was Ist auswirken. Sie kreieren die Zukunft, die eine Menschheit benötigt, um in vollkommener Harmonie das Lebenswerk vollziehen zu können.

Geordnete und mit Liebesenergie gefüllte Gedanken sind die stärksten Werkzeuge eines Menschen. Sie können Wunder vollbringen. Dein ganzes Sein ist davon abhängig.

Das Gute in dir kann nur zum Ausdruck kommen, wenn sich die Reinheit in deinen Gedanken ausdrückt, die Herzensliebe in deinem Herzen entfacht ist und in deinem Lebensalltag, in allen Bereichen, die Herzensgüte sichtbar deine Aktionen bestimmt. Du bist in den Rhythmus der Veränderung involviert und dein Streben nach Vollendung beflügelt dich.

Du hast dir vorgenommen, hier in dieser Zeit dich zusammen mit den Helfern des Geistes zu verbünden. Mit dem Wunsche, dich selbst zu verändern, konnte es geschehen. Du bist gewachsen und drückst es durch deine neue Integrität aus. Du hast alles, was der Liebe und dem Reinheitsgrad nicht entspricht, aus deinem Leben verbannt. Deine Gefühle und dein Lebensausdruck spiegeln es wider.

Du bist es jetzt, der das Gute in jedem Wesen, dem du begegnest, erweckt und den Anstoß gibt, der in ihm die Veränderung bewirkt. Die Herzenskraft ist deine Göttlichkeit, das Gute, die Schöpferkraft, die sich durch dich ausdrückt.

Ich Bin die Liebe,
die sich in meinem gesamten Sein manifestiert,
die die Gedankenkraft durchdringt
und die sich in meinem Leben
durch die Güte und das Verständnis für Alles Sein ausdrückt.
Ich Bin es, die / der will,
dass sich die All-Liebe in alle Herzen senkt
und sich über die Welt ausbreitet.
Ich Bin! Ich Bin! Ich Bin!

Ich Bin Liebe von Gottes-Liebe!
Alles Sein ist mit Liebe erfüllt.
Ich Bin es,
die diese Kraft in meinem Herzen entwickelt
und zum Ausdruck bringt,
damit ich meine Aufgabe erfüllen kann,
so dass sich Verständnis und Güte
in meinen Handlungen widerspiegeln.
Ich Bin! Ich Bin! Ich Bin!

14. KAPITEL

Alles, was du brauchst, um deinen Weg gehen zu können, erhältst du!

Du fühlst dich oft einsam, fühlst dich verlassen von Gott und der Welt. Deine Sinne sind aufs Äußere gerichtet, du suchst am falschen Ort, um den Ausgleich für dieses Gefühl zu schaffen.

Denn auch wenn du glaubst, es mit äußerlichen Dingen und oberflächlichen Kontakten gefüllt zu haben, kehrt diese Leere, ein paar Stunden später, wieder zurück. Ein Kreislauf beginnt, der nur unterbrochen werden kann, wenn er mit Vertrauen gefüllt wird. Alles andere ist zwecklos.

Die Kräfte, die aus dem Vertrauensaspekt erwachsen, sind von ungeheurer Stärke.

Wer im Vertrauen Tag für Tag seinen Dienst tut, dem wird in allen Situationen geholfen. In ihm ist die Gewissheit, dass sich alles zum Guten wendet, egal wie kompliziert es aussieht. Die Freude eines Menschen ist immer gegenwärtig, wenn sich ein Wunsch erfüllt. Niederlagen bringen Trübsal. Wenn es eine Zeit lang nur Misserfolge gibt, dann ist es offensichtlich, dass es hier an Vertrauen fehlt.

Das Gleiche gilt auch für die Gesundheit. Eine Wesenheit, die sich nur mit Krankheiten beschäftigt und vollkommen verunsichert immer nur auf alle Wehwehchen schaut, ist dann eines Tages wirklich krank. Zuerst ist es nur Ängstlichkeit, dann Angst, und danach hat es sich bereits als Krankheit manifestiert.

Der Erfolg ist garantiert, wenn man von seinen Fähigkeiten überzeugt ist und vollkommen im Vertrauen handelt. Das zeugt davon, dass man bewusst ist und weiß, dass für jeden gesorgt wird. Es gibt das Gesetz der Resonanz, das hatten wir bereits einmal angeschnitten. Es besagt, dass alles, was in Beziehung zueinander steht, sich anzieht.

Was bedeutet das jetzt, wenn wir das auf unsere Manifestationen im täglichen Leben beziehen?

Nehmen wir die Gesundheit einmal unter die Lupe. Das Gegenteil von Gesundheit ist Krankheit. Ein Mensch ist krank, wenn es in seinem Körper einen Missklang gibt. Dieser entsteht, wenn irgendeine Funktion eingeschränkt ist oder sogar ausfällt. Ist jedoch diese Funktion für den Körper lebensnotwendig, versucht er mit allen Mitteln, einen Ausgleich zu schaffen. Dazu benötigt er Hilfe, die er sich von der Wesenheit erhofft, weil sie ihn in diese Situation gebracht hat.

Schaut man genau hin, kann man erkennen, dass im Lebensalltag nur Redewendungen benutzt wurden, die Angst, Mangel und Unsicherheit ausdrückten – Angst davor, sich durchsetzen zu müssen, Mangel an Vertrauen in seine eigenen Kräfte und sich kleiner und geringer fühlen als jene, mit denen man zu tun hat. All das sind Faktoren, die die Lebenskraft eines jeden einschränken, um sich dann als Krankheit eines Tages zu manifestieren.

Eine Krankheit ist der Ausdruck negativer Gewohnheiten, die aus der Art der Denkmuster und Verhaltensmuster kreiert worden sind. Seit Generationen sind sie bereits im Umlauf und kommen auch zu dir. Unbemerkt füllen sie eines Tages dein Bewusstsein, und du kannst es nur dann erkennen, wenn es dir eine andere Wesenheit widerspiegelt.

So geht es mit allen Verhaltensmustern. Sie stören dich bei den anderen sehr, aber nur deswegen, weil auch du sie besitzt. Wärst du frei davon, könntest du sie tolerieren, aber in diesem Fall reizen sie dich, weil du dich verändern sollst. Deine Toleranz dir gegenüber ist gering, darum bist du wenig kompromissbereit.

Da es nur dich selbst angeht, bist du derjenige, der versucht, alles von sich wegzuschieben und das Problem dem anderen zu überlassen, oft begleitet mit der netten Aufforderung: »Du musst dich verändern!«

Spätestens jetzt solltest du es erkennen können, dass du es bist, der sich verändern möchte! Damit du es auch begreifen kannst, was du zu verändern wünschst, zeigt man es dir, durch entsprechende Begegnungen mit deinen Verhaltensmustern, ganz genau.

Der Weg ist oft steinig, aber man kann ihn trotz allem gehen. Wenn dir selbst klar ist, was du verändern willst, dann ist es auch ein Leichtes, dieses auszuführen. Du erhältst auf bequeme Art und Weise deine Verhaltensmuster vorgesetzt. Bis ins kleinste Detail lässt man sie dich erkennen, und du kannst, indem du den Wunsch nach Veränderung ausgesprochen hast, bereits erkennen, wie die Aggression in dir, die du der anderen Wesenheit gegenüber hast, nachlässt und du neutraler wirst.

Deine Veränderung anstrebend, erfährst du zum ersten Mal in deinem Leben, wie du wirklich bist, was du denkst und ob du in dir Liebesenergien produzierst.

Am meisten erschreckt es dich, dir eingestehen zu müssen, dass du nie daran gedacht hast, sie in dir zu entwickeln. Du erkennst, dass sich deine Wesenheit im alltäglichen Leben allzu oft in Nichtigkeiten verlor, weil sie glaubte, im Recht zu sein und kritiksüchtig sich die Angelegenheit entsprechend zurechtbog, um selbst nicht hinschauen zu müssen.

Fast jeder hat es schon einmal in dieser Form exerziert, und auch du hast versucht, vieles zu umgehen. Wenn du jedoch deine Muster endgültig verändern willst, benötigst du diese konkreten Hinweise.

Nur wenn du sie als solche erkennst, kannst du an dir die Veränderung herbeiführen.

Deine Liebe zu dir selbst hilft dir dabei. Sie ist es, die dich in der liebevollen Annahme deiner Selbst unterstützt, den Blick auf das Wahre lenkt und dein Innerstes nach außen kehrt, damit du weißt, wer du wirklich bist.

Du hattest in deinem Leben versucht, die Veränderungen herbeizuführen. Aber nur jene wurden von dir akzeptiert, die sich nicht mit deinen persönlichen Verhaltensmustern in Einklang bringen ließen. Es ist immer schmerzvoll, wenn du erkennen musst, dass du unglaubwürdig bist, denn du willst ja logischerweise von deinem Umfeld akzeptiert werden, und zwar als das, was du glaubst zu sein. Darin liegt das Problem: zu erkennen, wer du wirklich bist, und nicht, wer du glaubst zu sein, noch weniger, wer du glaubst sein zu müssen.

Das Wundervolle daran ist, dass du so sein sollst, wie du wirklich bist. Du kannst alle angenommenen Verhaltensmuster ablegen und deine persönlichen Aspekte voll zum Ausdruck bringen. Deine Einzigartigkeit soll sich entfalten können, damit du diesen, deinen Göttlichen Aspekt in seiner Gesamtheit reflektierst.

Deine persönliche Struktur zeigt sich in allem, was du denkst und wie du handelst, in dem kein Widerspruch zu sehen ist, weil sich alles an dir zu dem entwickeln konnte, wie du es dir gewünscht hast. Deine Art zu handeln ist klar, und von jedem kann das, was du sagst, aufgenommen werden, denn es ist von keinem störenden Faktor geprägt. Du bist einfach in deiner Art einzigartig! Sind erst einmal diese Aspekte in ihrer Reinheit in deinem Sein manifestiert, kann sich jetzt ebenfalls jeder andere Wunsch genauso erfüllen.

Alles, was du dir wünschst, um dein Lebenswerk tun zu können, erhältst du. Die Gelegenheiten werden buchstäblich geschaffen, damit sich das Werk vollziehen kann. Du hast es erreicht, deine Persönlichkeit zu entwickeln, hast den Glauben in dir gefestigt und vertraust, dass sich die Geistige Welt deiner annimmt, um dir all das, was du für deinen Weg benötigst, zuzuführen. Es gibt keine Ausnahmen, denn alles das, was du benötigst, erhältst du wahrhaftig.

Sind es jedoch Wünsche, die das Ego stärken, dann sind sie nicht mehr vom Reinen Geist getränkt. Demzufolge hat es auch andere Auswirkungen.

Eventuell erfüllt man dir den Wunsch, um dir damit nochmals eine Gelegenheit zur Umkehr zu geben, oder er erfüllt sich nicht in der Form, wie es von dir gewünscht wurde. Dies kann sich auch recht negativ entwickeln oder zu erschwerenden Umständen führen.

Die Wünsche sollten immer reiner Natur sein und nicht mit egoistischen Zielen gefüllt sein. Die Geistige Welt wird alles in Bewegung setzen, damit sie sich manifestieren und sich dadurch dein Lebensziel auch erreichen lässt. Du hast ein Recht darauf, deine Wünsche zu äußern, um dein Lebensziel einfacher und schneller zu erreichen, damit sich dein Lebenswerk manifestieren kann.

Ist der Wunsch von Herzensliebe durchdrungen, so ist der Reinheitsgrad noch höher, klinkt sich alles, was in dieser Liebesfrequenz schwingt, mit ein. Die Manifestation des Wunsches kann dadurch schneller und auch einfacher vonstatten gehen. Alle Mitbeteiligten sind in der Freude des Geistes miteingebunden und erleben auf beiden Ebenen, der Geistigen und der materiellen, die Auswirkungen, die ein solcher Wunsch auslöst, der sich manifestiert hat.

Die Freude im Herzen verspürst auch du, denn dieses ist eine Energie, die dich und dein ganzes Sein erfasst, dich glückselig stimmt und vollkommen erfüllt. Alles in dir schwingt in der Gewissheit, dass es die Geistigen Helfer waren, die dich unterstützten, dir halfen, dieses Wunder zu vollbringen.

Dank deines Herzenswunsches konnte es geschehen, dass sich der Reine Geist des All-Einen in dieser Form manifestierte. Die Geistige Welt konnte das Ziel erreichen und es sichtbar zum Ausdruck bringen, weil dein Vertrauen so stark war, dass sie deinen Herzenswunsch realisieren konnte.

Ich Bin die Liebe des All-Eins-Seins,
die im Hier und Jetzt wirkt und die will,
dass sichtbar wird, dass der Reine Geist der All-Liebe
mich in jedem Augenblick lenkt und leitet,
mich stärkt und die Liebe zu mir selbst
in all meinem Tun ausdrückt.
Ich Bin! Ich Bin! Ich Bin!

Ich Bin der Weg, der in die Freiheit führt,
denn ich bin es, die / der die Liebe
in Vollkommenheit lebt und ausdrückt,
damit die Welt sich verändern kann
und die Liebe für Alles Sein sich, überall dort wo ich bin,
sichtbar manifestiert.
Ich Bin! Ich Bin! Ich Bin!

15. KAPITEL

Die Geistige Welt ist hier,
zusammen mit dir, tätig!

Du willst hier auf der Erde zu dem werden, was du dir selbst vornahmst.

Als du dich für ein Erdenleben entschieden hattest, kamen alle Geistigen Helfer zusammen, die dich auf diesem Weg begleiten sollten. Alles, was du hier auf Erden bewerkstelligen wolltest, kam zur Sprache. Deine Lebenspartner, Eltern, Geschwister, Mann und Kinder wurden festgelegt. Dazu gehörte natürlich auch, dass persönliche Veränderungen, die den Charakter und die Eigenschaften betreffen, zur Sprache kamen. Außerdem wurden auch die Gaben besprochen, die dir in diesem Erdenleben Erleichterung verschaffen sollten.

Du selbst hast dich für deine Aufgabe entschieden. Es war dein persönlicher Wunsch, zu dieser Zeit in der Phase des Umbruchs hier auf Erden tätig sein zu wollen. Dein Wunsch war es ebenso, die Erde und die Wesenheiten, die den Aufstieg machen wollten, zu unterstützen; du wolltest dieses Werk gemeinsam mit deinen Geistigen Helfern verrichten. Im Angesicht Gottes wolltest du es tun.

In deiner Vorbereitungszeit hast du deinen Lebensplan entworfen. Du hast Orte und Schicksalsstationen bestimmt und diese alle so zusammengefügt, dass sie für dich erreichbar sein würden. So bleibt es nie dem Zufall überlassen, wo man sich reinkarniert.

Den Zeitpunkt, die Eltern und das Umfeld hast du dir selbst ausgesucht und bist durch sie geformt worden. Nur du alleine bestimmst es, ob du dich so entwickelst, wie du es dir vornahmst.

Deine Helfer sind an deiner Seite und helfen dir dabei. Du jedoch bist es, der bestimmt, ob sich dein Lebensplan wahrhaftig manifestieren wird. Alle deine Entwicklungsprozesse sind davon abhängig.

Deine Wahl ist entscheidend. Dies ist auch der Grund fürs Misslingen. Wenn eine Wesenheit sich nicht für ihren eigenen Entwicklungsprozess einsetzen will, können zwar die Geistigen Helfer an ihrer Seite versuchen, sie in jeder möglichen Art und Weise zu veranlassen, dass sie ihren Weg wieder aufnehmen soll, aber zwingen können sie sie nicht dazu. Der freie Wille wird grundsätzlich von allen respektiert.

So kann es vorkommen, dass es viele Wesenheiten, die hier auf der Erde tätig sind, einfach nicht schaffen, ihre Aufgabe zu erfüllen. Sie haben sich von der Materie abhängig gemacht. Darum ist für sie der Zugriff auf das Göttliche, unter diesen Umständen, nicht mehr möglich. Die Wesenheit allein ist dafür verantwortlich. Sie bestimmt, wie und wann sie sich der Göttlichen Führung anvertraut, um ihr Lebenswerk erfüllen zu können.

Somit ist ganz klar erkennbar, dass das wichtigste Attribut einer inkarnierten Wesenheit hier auf Erden der freie Wille ist. Keiner kann sie zwingen, hier zu inkarnieren, und noch weniger ihr eine Arbeit aufzwingen, die sie nicht zu tun gedenkt.

All das geschieht, weil die Wesenheit ein Göttliches Wesen ist und sich selbst erfahren und ausdrücken möchte. Ist der Weg auch steinig und steil, so geht sie ihn doch in dem Wissen, dass sie den Weg so erschaffen hat. Ihr ist bewusst, dass sich dadurch ihre Kräfte entwickeln, die sie benötigt, um ihre Aufgabe auch erfüllen zu können.

Alle Schicksalsschläge wurden einkalkuliert. Durch sie hat man die Möglichkeit, sehr viele gute Eigenschaften in sich zu entwickeln. Jene, die den Prozess behindern, können transformiert werden. Große Schicksalsschläge dienen immer dazu, die Wesenheiten zu läutern und Veränderungen herbeizuführen. Sie sind grundsätzlich eine Herausforderung an die Wesenheit, die Kräfte zu stabilisieren und sie dem Göttlichen wieder näher zu bringen.

Oft sind diese Gegebenheiten die Auslöser zum Sinneswandel. Sie fördern die Bereitschaft, sich selbst wieder anzunehmen und das Vertrauen in sich selbst und in Gott zu stärken. Das Wissen ist in jedem Wesen, das hier auf Erden weilt, tief im Unterbewusstsein verankert.

Ein jeder hat die Wahl und kann sich dafür oder dagegen entscheiden, ob er den Plan, nämlich seinen Plan, hier auf Erden erfüllen möchte. Jeder Helfer akzeptiert diesen Wunsch, weil er weiß, dass es ganz besonders viel Kraft benötigt, hier auf Erden wirklich seinen Dienst erfüllen zu können. Die Dichte der Materie ist hierfür verantwortlich. Die negativen Aspekte des Erdendaseins tun das Übrige, damit man leichter aufgibt. Nur wenige von den Tausenden von Helfern schaffen es, diese Hürden zu überwinden. Das weiß man bereits, bevor man sich inkarniert.

Obwohl man von den schwierigen Voraussetzungen weiß, lässt man sich nicht davon abhalten, den Planeten zu betreten. So sind diejenigen, die es hier versuchen, in der Vielzahl. Die Geistige Welt hilft ihnen und stützt sie, so gut sie es kann.

Von denen, die die Aufgabe nicht vollkommen erfüllen können, kehrt der eine eventuell früher zurück, um noch einmal einen neuen Start machen zu können. Der andere bleibt eventuell noch eine Zeit lang und erhält vielleicht eine etwas kleinere Aufgabe.

Es ist der Weg, den eine Wesenheit sich gewählt hat. Sie war mit all den behindernden Aspekten einverstanden, weil sie sich mit den Geistigen Helfern dafür entschieden hat, hier und zu dieser Zeit die Erde zu unterstützen.

Alles, was hier auf Erden mit dir geschieht, hast du dir selbst geschaffen. Du bist der Planer! Du bist es, der hier das Göttliche zur Vollkommenheit bringen wollte, der sich vornahm, in allen aufstrebenden Wesenheiten die Liebe zu sich und allen Kreaturen zu entfachen.

Du bist es, der will, dass die Göttlichen Helfer an deiner Seite mit dir gemeinsam die Aufgabe erfüllen. Du weißt genau, dass diese Verbindung zur Transformation der Erde und ihrer Bewohner benötigt wird.

Die Elemente der niedrigen Sphären können ebenfalls nur mit ihnen zusammen aufgelöst oder transformiert werden. Alleine, ohne ihr Zutun, wäre es unmöglich. Das gemeinsame Wirken macht dich hier auf dieser Seinsebene zu einem starken Werkzeug.

Wenn du ganz klar dies in dir anerkennst und vollkommen im Vertrauen deinen täglichen Dienst ausführst, dann erreichst du alles und jedes Ziel. Deine Göttlichen Helfer unterstützen dich, und deine Kräfte steigern sich. Du wirst immer stabiler und bist vollkommen gefestigt. Dein Glaube ist es, der dir die Kraft verleiht und dich beflügelt. Alles in dir ist auf den Wunsch ausgerichtet, das richtige, reine, Göttliche Werkzeug zu sein, das sich auf Erden bewährt. Du bist es, der sich zur Verfügung gestellt hat, damit die Geistige Welt durch dich agieren und Veränderungen herbeiführen kann.

Die Helfer haben wiederum Helfer an ihrer Seite. Es ist eine Vielzahl von Geistigen Helfern, die dir folgt. Sie alle arbeiten mit dir gemeinsam an einem Ziel, an ein und demselben Projekt.

Der Wunsch deinerseits hat dies alles ermöglicht, und dafür wirst du geliebt. Sie, deine Geistigen Helfer, lieben dich von ganzem Herzen, weil du es bist, der die Kraft besaß, hier auf Erden wirken zu wollen. Du bist es, den sie unterstützen, weil es eine hohe Anforderung an dich und deine Kräfte ist. Sie wissen, um diese kraftvolle Entscheidung herbeizuführen, braucht es das absolute Vertrauen in Gott.

Darum bist du für sie derjenige, den es zu feiern gilt und der ihrer Unterstützung bedarf, damit es ein Erfolg werden kann. Der Weg eines Erdenlebens verläuft im Zickzack und ist angefüllt mit vielen Erschwernissen. Die Kräfte von dir und deinen Geistigen Helfern werden benötigt, um alles überwinden zu können.

Der Wunsch muss ganz stark in dir verankert sein, damit du immer auf dem Weg bleibst, der dich zur Erfüllung führt und den anderen die Hilfe bringt, die sie zu ihrer Transformation benötigen. In der Geistigen Welt wirst du dafür gefeiert, denn sie weiß, worauf du dich eingelassen hast.

Sie weiß um die Kräfte, die dich und deinen Weg boykottieren wollen, damit du dein Ziel nicht erreichen kannst und die Erde sich nicht mit ihren aufstrebenden Bewohnern transformieren kann. Damit es keine Geführten und Wissenden gibt, die das Werkzeug Gottes hier verkörpern, versucht man, alle deine Kräfte zu zersplittern, um die Reinheit, die nötig ist hier auf Erden, nicht manifestieren zu können.

Deine Kräfte werden benötigt! Deine Liebe, deine Güte und dein Verständnis sind wichtige Voraussetzungen dafür. Du brauchst, um hier dein Werk tun zu können, alle deine Himmlischen Helfer an der Seite. Damit erhältst du die richtige Unterstützung, die korrekte Information und die alles heilenden Heilströme.

Du bist ein Teil vom Ganzen und gehörst zu Allem Das Was Ist. Du bist Gottes Geschöpf, welches sich hier inkarniert hat, als ein Teil vom Ganzen, der hier in der verdichteten Welt die Aufgabe erfüllen möchte.

Mit der Freude im Herzen und der gesamten Unterstützung der Geistigen Welt kannst du dein Ziel erreichen. Deine Aufgabe manifestiert sich, und alles Leben hier auf Erden kann sich durch deine Mithilfe entwickeln und in den Prozess der Transformation eintreten. Dein Seinszustand hat sich verändert und ist ein Teil des Ganzen geworden.

Ich Bin das Vertrauen,
das mir Kraft und Stärke verleiht,
damit ich in meinem Leben all das zum Ausdruck bringe,
was der Vollkommenheit und Reinheit entspricht.
Der Geist Gottes führt und leitet mich,
den für mich bestimmten Weg,
und drückt sich durch mich in Seiner Güte aus,
die das Verständnis für Alles Sein in sich birgt.
Ich Bin! Ich Bin! Ich Bin!

Ich Bin der Weg, die Wahrheit und das Verständnis,
das in Allem Sein existiert.
Ich Bin die Liebe, das Vertrauen,
die Ausdruck der Schöpferkraft Gottes ist
und die in diesem Sein eingesetzt werden will,
damit sich in dieser Welt der reine Geist Gottes ausdrückt.
Ich Bin! Ich Bin! Ich Bin!

16. KAPITEL

**Die Geistige Welt ist mit dir! Wenn du es Ihr erlaubst,
in deinem Leben Ordnung zu schaffen,
deine Hingabe und deine Glückseligkeit zu fördern,
dann bist du auf dem richtigen Weg!**

Deine Kraft ist gestiegen und du hast dich zu dem entwickelt, was man ein Geistiges Werkzeug nennen könnte. Du hast in dir viele Male Ordnung geschaffen und hast geglaubt, dass es genug war. Deine Kräfte haben deine Gesundheit stabilisiert. Du bist im Einklang mit dir selbst gewesen und hast erkannt, dass es für dich nur eines gibt: Du willst deinen Dienst mit ganzem Herzen erfüllen. Deine Liebe, meinst du, ist inzwischen genug in dir herangereift und kann sich jetzt im Umfeld ausdehnen.

Du siehst das Leid um dich herum und stellst nun fest, dass sich das Allgemeinbild verschlechtert hat; sogar entschieden verschlechtert hat, gegenüber damals, als du deinen Weg aufnahmst. In der Zwischenzeit hat sich so vieles verändert. Die Laster sind angestiegen. Die Menschheit ist korrupter in ihrem Verhalten geworden. Hier hinein gehören auch die sexuellen Ausschweifungen. All das hat sich in den letzten Jahren sehr stark zum Negativen verändert.

Langsam, aber sicher hat man die Menschen dorthin gebracht und hat die Barrieren in ihnen eingerissen. Die natürlichen Hemmschwellen wurden, ohne dass es bemerkt wurde, so stark manipuliert, dass die Menschheit die Warnsignale nicht mehr wahrnehmen konnte.

Der Masse ist noch nicht bewusst geworden, dass sie nun am Abgrund steht. Sie unterstützt noch immer mit Begeisterung diese negativen Kräfte.

Am Anfang sagte ich bereits, dass es Wesenheiten gibt, die ganz bewusst die Menschheit in tiefe Ängste stürzen, um sich durch diese Energien, die dadurch frei werden, nähren zu können. So unglaublich es auch klingt, es entspricht der Wahrheit. Alles, was sich dem Göttlichen Aspekt angleicht, wird von der Geistigen Welt unterstützt und ausgeglichen.

Das, was diesem Aspekt nicht gleicht, muss transformiert oder ausgelöscht werden. Dazu gehören auch die Ängste. Egal, welche Ängste es auch sind. Sie müssen in Vertrauen umgewandelt werden. Sie zeugen davon, dass man Gott fern ist.

Wer in Gott ruht, ist nicht antastbar. Er bleibt in der Ruhe, weil er im vollkommenen Vertrauen ist und handelt. Es ist die Grundvoraussetzung, damit diese bewusst ausgestreuten Ängste sich nicht ausbreiten können. Damit denen, die hier auf der Welt das Chaos kreieren, die Macht entzogen wird, muss die Masse der Menschheit sich Gott-Vater-Mutter zuwenden. Sie muss den Göttlichen Ursprung ihres Seins erkennen und die Verantwortung für sich selbst übernehmen.

Der Ursprung allen Übels liegt in der Abwendung von Gott und beginnt mit den Ängsten. Die Angst, nicht genug zu bekommen oder zu besitzen, die Angst der Minderwertigkeit und die Angst, alleine leben zu müssen. Aus diesen Ängsten entstehen alle Abscheulichkeiten. Durch sie wird geraubt, gemordet, vergewaltigt und dominiert. Jeder Machtwahn entsteht aus Angst. Auch die Unterwürfigkeit existiert aus demselben Grund.

Um aus dem Schlamm herauskommen zu können, bedarf es Gott und deiner Göttlichkeit. Willst du dein Umfeld oder sogar die Welt verändern, dann beginnt es zuerst bei dir. Du musst wachsen, musst stabil und fest im Glauben sein. Dieser ist nicht an die Kirche gebunden, sondern an Gott, den All-Einen. ER ist es, der dich lenkt und leitet.

ER ist es, der in jeder Zelle deiner Physis lebt. Alle Zellen sind Göttlichen Ursprungs, sind intelligent und besitzen Bewusstsein. Du bist Gottes Ausdruck hier auf Erden. Du hast dir vorgenommen, IHN hier in Vollkommenheit zu manifestieren und dazu gehört, dass du in deinem Herzen die All-Liebe, die Dreifaltige Flamme, entwickeln musst. Du kannst in diesem Prozess zuerst die Erfahrungen sammeln, die dich persönlich transformieren und dich zu dem machen, wie du sein solltest.

Du bist, nachdem du deinen eigenen Veränderungsprozess durchlaufen hast, in deinem Glauben gefestigt. Du hast die Kraft des Vertrauens erkannt und genutzt und hast damit dein Leben gestaltet, bist durch das Wissen, das du erhieltest, eine starke Persönlichkeit geworden. Nicht, weil du im Außen rechthaberisch und prahlerisch deine Meinung vertrittst, sondern weil du vollkommen zufrieden, ruhig und überlegt sprichst und handelst.

Nichts und niemand kann dich mehr aus dem Gleichgewicht bringen. Du machst deinen Dienst, und es beglückt dich zu sehen, wie dein Umfeld auf dich reagiert. Du siehst, wie sich ihre Gemüter beruhigen und sich besseren Idealen zuwenden. Sie kommen mit Fragen zu dir, und du kannst sie gemeinsam mit deinen Göttlichen Helfern beantworten. Du schwingst mit ihnen in der Göttlichen Harmonie, die sich durch die Stärkung deines Glaubens gebildet hat und den Göttlichen Aspekt in dir zum Ausdruck bringt.

Keine niederen Geschöpfe können dich mehr angreifen, denn sie sehen dein Licht und erkennen deine Kraft, die einen großen Schutzgürtel um dich herum kreiert hat. Du bist Gottes Schutz unterstellt und deswegen für sie nicht mehr erreichbar.

Wer in Gott seine Kraft sucht und sich zu Ihm bekennt, ist für alle Zeiten gesegnet. Er kann alle großen Dinge, die Jesus tat, ebenfalls ausführen.

Dazu braucht es den Glauben und das Vertrauen in seine eigene Göttlichkeit, weil du Gottes Kind bist, SEIN Kind – die Tochter oder der Sohn –, welches alle Fähigkeiten in sich entwickelt hat.

Du bist es, der möchte, dass sich das Göttliche Werk durch dich manifestiert und sich durch dich das reine Wort Christi über die Menschen ergießt. Die Christus-Liebe dehnt sich von deinem Herzen aus und erfasst alle, bringt ihnen die Liebe und das Verständnis für Alles Sein.

Du brauchst nur den Wunsch zu äußern, und alle deine Helfer auf der feinstofflichen Ebene beginnen für dich, alles das zu aktivieren, was du für deine Aufgabe benötigst. Deine Zuversicht hilft allen, die sich angesprochen fühlen und die Veränderung ebenfalls anstreben. Dadurch beginnt sich alles zu erweitern, auszudehnen und immer mehr Menschen zu erfassen, die sich ebenfalls der Veränderung stellen.

Sie wollen dabei sein, wenn die Erde sich erhöht. Sie glauben ganz fest daran, dass sie gebraucht werden, damit sich das Neue Leben hier auf Erden auch ausdehnen kann. Sie wissen, dass jeder dazu benötigt wird, der bereit ist, sich für das Gute einzusetzen und somit die Grundvoraussetzungen für die Verwandlung zu schaffen.

Je mehr die Menschen sich dafür einsetzen, umso weniger sind sie von den dunklen Mächten angreifbar. Ihre Kräfte, die mit ihrem Vertrauen gepaart sind, sind sehr starke Energieströme, die der Erde zufließen und sie unterstützen. Sie sind es, die das Zepter in der Hand halten und die die Grundvoraussetzungen in sich aktiviert haben, die dieser Aufstiegsprozess benötigt.

Alle Wesenheiten, die sich auf Kosten derer, die passiv in diesem Prozess sind, bereichern, werden nach und nach die Erde verlassen müssen. Dann gibt es hier keinen Platz mehr für Schmarotzer dieser Art. Ihre lebensnotwendige Energie wird immer dünner und kann diese Wesenheiten nicht mehr lebensfähig halten.

Das ist das Problem, das gegenwärtig zu sehen ist. Man kämpft ums Überleben und benutzt dazu alles, was die Menschheit in Angst und Schrecken versetzt, sie lebensuntüchtig macht, damit sie als williges Opfer fungiert, um den Negativen somit die lebensnotwendigen Energien zur Verfügung zu stellen.

Hast du das Prinzip erkannt, so kannst du das Potenzial, das du in dir trägst, ans Licht holen. Zusammen mit der Geistigen Welt kannst du es in dir zu ungeahnten Kräften entwickeln. Du hast ein Potenzial in dir, das dir zur Verfügung steht und das du bewusst nutzen kannst.

Mit diesen Kräften könntest du, wäre es dir bewusst, eine neue Erde kreieren, ja sogar ein ganzes Universum. Es sind die Schöpferkräfte, die Lebensenergie, womit Alles Das Was Ist erschaffen wurde. Es ist dieselbe Energie, mit der du gezeugt wurdest. Alles, was jemals erschaffen worden ist und sein wird, ist mit dieser Energie kreiert worden.

Liebesenergie erschafft neues Leben! Neid und Hass zerstören! Das ist es, was du wissen musst. Nur so weißt du, wer du bist und welche Kräfte dir zur Verfügung stehen.

Du bist der Erschaffer deines persönlichen Lebens und trägst selbst die Verantwortung dafür. Niemand kann es ändern. Du bist es, der zu dieser Zeit hier auf Erden tätig ist, damit du selbst zur Erhöhung der Erde und ihrer Bewohner beitragen kannst. Du selbst hast dich dafür entschieden und bist mit deinem Geistigen Gefolge hier anwesend, damit du deinen Göttlichen Aspekt in Vollkommenheit leben kannst.

Dazu gehört deine Schaffenskraft, die gepaart mit der der Geistigen Helfer nur Wunderbares erschafft. Sie ermöglicht dir ein Leben in Göttlicher Ordnung, Frieden und Harmonie. Deine persönlichen

Geistigen Helfer sind es, die sich voll und ganz für deinen Weg einsetzen, dich von Zeit zu Zeit auf Schultern tragen und versuchen, dir dein Leben zu erleichtern.

Sie säen Freude in deinen Lebensalltag, sind immer gegenwärtig und raten dir. Für sie bist du das wundervollste Wesen überhaupt, denn du hast dich hier auf diesem Planeten inkarniert und lässt sie an deiner Arbeit teilnehmen. Dafür danken sie dir, indem sie dir dienen und dir dabei helfen, dein Leben und dein Umfeld zu stabilisieren, für dich den Lebensraum gestalten und ihn mit Liebe füllen.

Du kannst, wenn du Gott den All-Einen in deinem Sein wirken lässt, das vollkommenste und ein mit Glückseligkeit und Frieden bereichertes, erfülltes Leben, leben. Du hast die Möglichkeit, deine Zeit auf Erden besser nutzen zu können und sichtbar den Göttlichen Seinsaspekt in allen Lebewesen zu aktivieren.

Die Göttlichen Kräfte sind es, die sich in deinem Sein widerspiegeln und die du in den Gesichtern derer, die dir folgen, sehen kannst. Es gibt dir Frieden und Glückseligkeit, wenn du dein Lebenswerk erfüllt siehst.

Du bist Gottes Werkzeug, bist von Liebe erfüllt und heilst alle, die mit dir gemeinsam auf Erden tätig sind, die ihre Augen und Herzen für Gott öffnen und die das Licht und die Liebe in sich integrieren, damit sich die Schöpferkraft durch das ICH BIN manifestieren kann.

Ich Bin es,
die / der die Reinheit des Geistes
in sich zu entfachen wünscht,
um in Freude und mit Liebe im Herzen
meinen Dienst auszuführen.
Es ist die Gotteskraft,
die sich in meinem Sein manifestiert.
Ich Bin! Ich Bin! Ich Bin!

Ich Bin die Reinheit des Geistes,
die sich überall da ausdrückt,
wo die Hilfe des All-Einen benötigt wird.
Ich Bin es, die / der will,
dass sich Gott in meinem Sein manifestiert,
damit die All-Liebe sich
in jeder Zelle meines Seins entfalten kann.
Ich Bin! Ich Bin! Ich Bin!

116

17. KAPITEL

**Gott ist Alles Sein, und du bist ein Teil davon –
von »Allem Das Was Ist!«**

Die Kraft in sich zu stärken, den Glauben in sich zu entwickeln und die Reinheit des Herzens zum Ausdruck zu bringen, das sind die Gotteskräfte, die die Ausrüstung eines jeden Gotteswerkzeugs sind.

Der Glaube ist im Menschen nicht stark genug ausgebildet worden. In den vergangenen Zeiten hat man den Glauben nur mit der Kirche verbunden, aber nicht mit Gott selbst in Verbindung gebracht, der über allem Geschaffenen ist.

Nur an IHN sollst du glauben! ER ist es, der dich, das gesamte Universum und auch diese Welt, in der du jetzt tätig bist, schuf. Alles Das Was Ist ist Gott!

Alles, was sichtbar und auch das, was für das Auge unsichtbar ist, ist aus derselben intelligenten Substanz kreiert worden. Alles Lebendige und auch die Materie ist aus dieser Substanz entstanden. Gottes Glaube hat sie manifestiert.

Am Anfang war der Gedanke, der sich durch die Kraft des Glaubens zu dem formte, was wir den Kosmos nennen wollen. Alles das, was existiert, war zuerst ein Gedanke und durch die Kraft des Glaubens und der intelligenten Schöpferkraft des »ICH BIN« wurde es manifestiert. Es ist aus dieser Kraft erschaffen worden, aus dieser Göttlichen, intelligenten Energie. Alles, was existiert, lebt! Es gibt keine tote Materie. Es sind verschiedene Schwingungsfrequenzen, die höher oder niedriger schwingen. Höher auf der Geistigen Ebene und niedriger, je dichter die Materie wird. Das Göttliche Prinzip ist jedoch in Allem aktiv.

Das ist der Grund, warum man auf alles einwirken kann. Die Gedankenkraft ist die stärkste Kraft des Universums. Sie wird durch die Kraft des Glaubens, die Schöpferkraft, aktiviert. Du bist die Wesenheit hier auf Erden, die bewusst die Schöpferkraft aktivieren will und durch das »ICH BIN« dem Gedanken Form geben möchte.

Alle Aussagen, die zusammen mit dem Wort »ICH BIN« gemacht werden, ob bewusst oder unbewusst, alles das manifestiert sich. Das »ICH BIN« drückt Gott aus mit Allen Seinen Kräften und kommt aus einer höheren Seinsebene. Verbindest du deinen Wunsch, indem du die »ICH BIN GEGENWART« mit einbeziehst, kann er sich schneller und dauerhaft in deinem Leben manifestieren.

Die »ICH BIN GEGENWART« ist ein Göttliches Werkzeug. Es erschafft pausenlos, denn es ist die aktivierte Schöpferkraft. Darum verbinde nur das Positive mit diesem Wort und achte auf die Gedanken und deine Äußerungen. Sagst du nämlich »ich bin krank«, so muss es sich manifestieren, weil es durch die »ICH BIN GEGEN-WART« aktiviert wurde. So kann sich darum auch nur Krankheit ausdrücken. Verbindest du es jedoch mit dem Wort »ich bin gesund«, so kann sich nun die Gesundheit manifestieren.

Die »ICH BIN GEGENWART« ist die Kraft, mit der sich alle Meister verwandelt haben und die sie auch heute noch benutzen. Deine Meisterschaft kannst auch du nur vollziehen, indem du die »ICH BIN GEGENWART« einsetzt, und zwar bewusst einsetzt, um die Veränderungen herbeiführen zu können.

Du brauchst die »ICH BIN GEGENWART«, um deinen Auftrag erfüllen zu können. Du musst wissen, dass sie eine neutrale Kraft ist, die immer, wenn du sie benutzt, alles das, was mit dem Wort »ICH BIN« verbunden ist, aktiviert und sich dadurch manifestiert. Bist du gefestigt in deinem Glauben und ist die Herzenskraft rein, wirst du von ganz alleine deine Gedanken zähmen wollen. Du wirst dafür Sorge tragen, dass sich nichts Negatives manifestieren kann.

Indem du dich kontrollierst und deine Geistigen Helfer bittest, dich in diesem Prozess zu unterstützen, kannst du es in ganz kurzer Zeit bewältigen. Du bist es, der sich verändern will, denn du hast dich ganz klar für die Erfüllung deiner Aufgabe entschieden.

Das ICH BIN ist ein Teil deines Lebensausdrucks, zeugt es doch davon, dass die Schöpferkraft von dir bewusst eingesetzt wird und du damit auch die Verantwortung für deine Kreationen übernimmst.

Alle deine Sinne konnten sich verfeinern und du kannst, ganz bewusst, mit der Geistigen Welt kommunizieren. Es gibt konkrete Lebenshilfe für dich und diejenigen, die dich begleiten. Indem du Sätze, die vom reinen Geistigen Streben zeugen, formulierst und sie täglich wiederholst, kann sich deine Physis, dein Leben und deine Frequenz verändern.

Damit kann sich dein Lichtkörper, den du so dringend für deinen Aufstieg benötigst, weiter aufbauen. Die Liebe zu dir kann sich entfalten und ausdrücken, denn sie ist geprägt durch das Verständnis für Alles Sein.

Du bist im Geistigen Sein zu Hause und deine Kräfte stehen dir jetzt hier auf Erden zur Verfügung. Du hast dich so weit entwickelt, dass du jetzt deine Geistigkeit leben kannst, die die Verbindung zwischen diesen Ebenen herstellt. Alles Leben hat seinen Ursprung auf der feinstofflichen Ebene und kehrt, nachdem die Erde den Aufstieg vollendet hat, wieder in diesen Bereich zurück. Du, der sich den Aufstieg wünscht, willst diesen Prozess auch mit unterstützen.

Jede Seinsform geht in eine höhere Ebene ein und transformiert sich in den Lebensausdruck, den sie sich wünscht. Das Leben hier auf Erden lehrt dich zu erkennen, wer du bist, welche Kräfte du besitzt und wie tief in deinem Unterbewusstsein der Wunsch ist, deine Göttlichkeit zu entfalten.

Du bist durch die Tür des Vergessens gegangen, hast die Trennung von deiner Quelle gelebt und gespürt, dass tief in deinem Innern eine Sehnsucht vorhanden ist nach Liebe, Frieden, Freude und Harmonie. Es ist ein Bild, das dich vorantreibt, um es in diesem Sein manifestieren zu können. Oft wird das Gefühl getäuscht, indem es mit oberflächlichen, schnell vergehenden Sensationen gefüllt wird. Aber das Wissen, dass es da doch noch etwas Besseres gibt, das du für dich in Anspruch nehmen möchtest, existiert weiterhin in dir.

In dir ist der Wunsch nach Hause, nach deiner Göttlichen Heimat, aktiv. Du tust alles, um dir hier auf Erden eine Heimat zu kreieren, die der inneren Sehnsucht gleicht. Der Wunsch führt dich und lässt dich nicht mehr los. Er bringt dich Tag für Tag deiner Quelle näher. Du verbindest dich mit deinen Seinsaspekten, die der Ausdruck deiner Göttlichkeit sind.

Du bist geschaffen nach SEINEM Bilde, bist derjenige, der hier auf Erden das Paradies neu bilden möchte, der seine Geistigen Kräfte mit einbringen will, damit sich der Göttliche Plan auch erfüllen kann.

Du hast es geschafft, dich hier durchzusetzen und bist vollkommen erfüllt von deinem Wunsche, der Menschheit eine Stütze sein zu wollen. Täglich setzt du deine Kraft dafür ein und nutzt die Informationen, welche dir die Geistigen Geschwister zukommen lassen.

Du hilfst allen, indem du ganz klar den Göttlichen Auftrag erfüllst und dich führen und leiten lässt. Gott ist in dir! Das drückt sich in deinem Leben aus. Du hast das Verständnis in dir entwickelt und kannst den Wesenheiten in ihrem Prozess eine wertvolle Hilfe sein.

Du bist mit Allem in Liebe verbunden. Dein Seinsaspekt ist mit Liebe und Güte gefüllt. Du hast das Werkzeug erhalten, um deine Aufgabe erfüllen zu können, und wirkst hier mit der Hilfe deiner dich begleitenden Geistigen Helfer. Die höchste Kraft ist das Vertrauen, das sich in dir manifestiert hat. Durch die Lebenshilfen, die du erhältst, ist es für alle sichtbar.

Du bist Gottes Werkzeug, bist aus lauter Liebe hier anwesend. Sie hat dich hier auf Erden inkarnieren lassen. Du bist Licht von GOTTESLICHT, bist die Wesenheit, die hier aufgerufen ist, dem Weg zu folgen, die sich hier bewähren will, ihre Kraft mit einbringen möchte und zusammen mit ihren irdischen Geschwistern die Veränderung und den Aufstieg der Erde zu fördern wünscht.

Das, was dich führt, ist der Wunsch, ein reines Instrument Gottes sein zu wollen, denn tief in dir weißt du um die Gefahren. Deine Wesenheit sehnt sich nach der Erfüllung des Lebensziels. Sie wünscht sich, zusammen mit der Hohen Geistigen Welt zu dienen und vom Reinen Geist geschult zu werden.

Du fühlst bei diesen Worten die Wahrheit tief in deinem Inneren. Du weißt, dass du den Weg nicht alleine zu gehen brauchst. Einige befinden sich schon auf dem Weg und haben den Prozess eingeleitet. Die Unterstützung erhältst du durch alle dir zur Seite stehenden Geistigen Helfer.

Es besteht jedoch ebenso die Möglichkeit, den Prozess des Aufstiegs zu beschleunigen, indem du ganz bewusst und gezielt mit der »ICH BIN GEGENWART« an dir arbeitest und dich veränderst.

Du bist ein Wesen, das sich hier auf Erden seiner Göttlichkeit bewusst werden soll, das sich zusammen mit der Geistigen Welt für die Erhöhung aller Erdengeschöpfe und der Erde selbst in dem Maße einsetzt, dass sich die Transformation ruhiger und harmonischer vollziehen kann.

Dazu gehört deine Herzensliebe für Alles Das Was Ist, und deine Aufgabe ist es, dich als Teil eines Ganzen zu sehen. Du erhältst hier auf der Erde von der Quelle allen Seins die Kraft. Mit dem Wertvollsten ausgerüstet, nämlich der All-Liebe, arbeitest du Seite an Seite mit den Geistigen Helfern, um Gottes Werk hier zu vollenden.

Ich Bin die Freude, die Liebe, das Vertrauen!
Gottesliebe ist es,
die diese Eigenschaften in mir manifestiert,
damit sich die All-Liebe in meinem Sein ausdrückt
und das manifestiert,
was der Reinheit des Geistes entspricht.
Ich Bin ein Werkzeug der Hohen Geistigen Welt,
um das Wort und die Hilfe denen zu bringen,
die aufgerufen sind, ihren Auftrag zu erfüllen.
Ich Bin! Ich Bin! Ich Bin!

Ich Bin die Liebe,
das Verständnis und die Vollkommenheit,
die sich in meinem Lebensalltag jetzt manifestieren,
damit ich meiner Berufung folgen kann
und sie mit Hingabe ausführe.
Ich Bin! Ich Bin! Ich Bin!

Gedanken zum Schluss

In Allem Sein ist ganz tief der Wunsch verankert, der Wunsch, die All-Liebe leben zu wollen, Gottvertrauen zu haben und die Göttlichkeit in sich zum Ausdruck zu bringen. Das ist der Wunsch, der vom Reinen Geist geprägt worden ist und der alles offenbart: unser Streben und Handeln, das uns nur zu dem einen Ziel führt: sich mit Gott eines Tages wieder vereinigen zu können. Bis dahin ist noch viel Zeit, die ausgefüllt sein will, mit der Erfahrung und dem Wachstumsprozess, der allen Wesenheiten obliegt.

Es gibt kein Sein ohne Gottes Schöpferkraft! Alles ist aus dieser Kraft erschaffen worden, der Liebeskraft, der Christuswesenheit, die in unserem Innern tief verankert ist. Sie ist es, die uns den Weg ebnet, die uns hilft, unseren Lebensprozess zu verstehen, und die das Verständnis für Alles Sein ist. Sie, die uns hilft, die Meisterschaft zu erwerben, und die uns erlaubt, durch diese Erfahrungen, die wir hier im Erdendasein machen durften, die Reise in die Höheren Sphären, die Höheren Welten des Hohen Geistigen Seins, antreten zu können.

Dieses ist der Weg! Der Weg, der uns nach Hause führt!

Ich Bin die Kraft des Gesamten Seins,
die im Hier und Jetzt tätig ist
und die will, dass sich der Reine Geist Gottes offenbart.
Ich Bin es, die will,
dass es die All-Liebe ist,
die sich in Allem ausdrückt,
und dass sich der Reine Schöpfergeist durch mich,
im Hier und Jetzt, in Allem manifestiert!
Ich Bin die Kraft des Geistes,
die das Wort des Allmächtigen
hier in diesem Sein zum Ausdruck bringt,
um all denen, die aufgerufen sind,
die Reinheit des Geistes vorlegen zu können.
Ich Bin es,
die die All-Liebe in die Herzen derer senkt und entfacht,
die das Werk vollenden wollen
und die die Herzen jener erreicht,
die dem Ruf folgen,
damit sie zu einem reinen Werkzeug Gottes werden –
sie Alle, die hier in dieser Zeit tätig sind,
und die die Herrlichkeit Gottes
in all seiner Schönheit, Einzigartigkeit und Vollkommenheit,
gepaart mit der All-Liebe für Alles Sein,
auszudrücken wünschen.

Über die Autorin

Geboren in der Nachkriegszeit wuchs die Autorin Jutta Belle in einem kleinen Dorf in Norddeutschland auf. Durch die Evakuierung hatten die Eltern ihr Hab und Gut verloren und keine finanziellen Möglichkeiten, ihr und den Geschwistern ein leichtes Leben zu ermöglichen. Ihre liebevolle Veranlagung hat dazu beigetragen, aus ihr, auch unter den damaligen schwierigen Lebensumständen, ein pflichtbewusstes, sorgendes, nachdenkliches, aber dennoch fröhliches Mädchen zu machen. Indem sie ständig alles hinterfragte, schaffte sie sich bereits in sehr jungen Jahren eine eigene Lebensphilosophie, die ihr in den folgenden Berufsjahren ganz klare Analysen erlaubte.

Die Berufswahl war ein Resultat ihrer Lebenssituation und verhalf ihr, die Basis für ihre zukünftige Arbeit zu schaffen. Ihr erster Beruf gab ihr die Möglichkeit, bewusst ihre Gaben einzusetzen, die manuellen, sowie die mentalen, denn in der Gestaltung des Lebensraumes und der Werbung kamen sie vollkommen zum Ausdruck. Es war die Phase ihres Seins, in der sie sich ganz der äußeren, schöpferischen Gestaltung des Lebensraumes widmete.

In der nächsten Phase ihres Lebens nahm sie sich der Bedürfnisse des Körpers an. Durch die Verlagerung ihres Bewusstseins konzentrierte sie sich nach innen, auf die Gesunderhaltung und das Wohlbefinden des physischen Seins. Im Vordergrund standen dabei die natürliche Ernährung und die Vollwertkost. Ihre Aufmerksamkeit konzentrierte sich ganz auf die Ausbildung in diesen Bereichen. Daraufhin folgte wiederum ein Wechsel, der sich mit dem Äußeren des Menschen befasste und sich auf die Schönheit und Gesundheit des Körpers konzentrierte. In diesem Bereich ist sie noch immer tätig und schafft sich damit die Grundlage für ihren Lebensunterhalt.

Bereits vor 30 Jahren begann der Prozess der Ausbildung ihrer geistigen Gaben, der ihr den letzten Wechsel ermöglichte. Hiermit schloss sich der Kreis, und sie nahm sich nun der Ausbildung der inneren Fähigkeiten des Menschen an. Ihre Lebensschulung war sehr intensiv und wurde durch ihre Ausbildung, die sie erhielt, zur Berufung.

Seit zehn Jahren hält sie Vorträge und veranstaltet Seminare, in denen sie sich ganz gezielt der Ausbildung der tief in den Menschen innewohnenden Kräfte widmet. Sie unterstützt die Manifestation der reinen Kräfte des Geistes, die hier und jetzt in dieser Zeit zur Veränderung und zum Aufstieg der Erde und ihrer Bewohner vonnöten ist. Sie hat ihr Leben Gott und dieser Aufgabe geweiht und ihren Lebensalltag darauf ausgerichtet. Der Wunsch, ein Werkzeug des All-Einen zu sein, ist ganz stark in ihr ausgeprägt, und sie wünscht sich, diejenige zu sein, die die Reinheit und den Aspekt der All-Liebe in die Herzen derer senkt, die den Weg des Geistes suchen und ihre Aufgabe erfüllen wollen.

Sämtliche Zeitangaben beziehen sich auf die Erstausgabe dieses Buches.

Jutta Belle
ICH BIN DER WEG

ISBN 978-3-942059-01-5
ISBN 978-3-934719-99-6

Sie erhalten dieses Buch in jeder Buchhandlung sowie direkt über

- **Per Post:** **Juabell Verlag**
  Schönhutstr. 2
  71838 Herrenberg
  Tel.: +49 (0) 7032 201340

- **Per E-Mail:** **juabell.verlag@yahoo.de**

- **Im Internet:** **www.ichbinderweg.de**
  www.ichbinderweg.eu
  www.amazon.de

Der Buchhandel wird über GVA Göttingen beliefert.
Das Buch ist im Vertrieb des Genius Verlags.